LE LONG DU RICHELIEU

HECTOR GRENON
LE LONG DU RICHELIEU

alain stanké

Éditions internationales Alain Stanké Ltée
2100, rue Guy
Montréal
(514) 935-7452

Photographie de la couverture:
Photolex

Maquette de la couverture:
J.G.R. Watkins

Distributeur:
Les Distributions Éclair Ltée
8320, place de Loraine
Ville d'Anjou
(514) 353-6060

Dépôt légal: 1er trimestre 1976
          Bibliothèque nationale du Québec

ISBN 0-88566-015-3

1. Un long voyage

Un jour où je parcourais au hasard les anciennes rues du Vieux Montréal en vue de causeries à la télévision, quelqu'un s'est approché pour me dire à brûle-pourpoint que j'aurais peut-être avantage à traverser le fleuve Saint-Laurent afin de visiter la campagne avoisinante. Je trouverais là aussi, m'a-t-on dit, des choses surprenantes dont les gens n'entendent pas très souvent parler.

La remarque venait à point et méritait qu'on y porte attention.

Il va sans dire que je ne me le fis pas dire deux fois. Le message était assez clair.

J'ai aussitôt réalisé qu'il serait intéressant de partir ainsi en randonnée et à l'aventure dans la banlieue de notre ville. Et alors, pour se faire un peu la main et ne pas embrasser plus qu'il ne serait par la suite possible d'étreindre, j'ai cru qu'une courte promenade le long de la rivière Richelieu pourrait se prêter assez bien à un pareil dessein.

Une revue rapide de nos cartes touristiques à la mode m'a vite amené à conclure qu'une tournée de ce genre devrait débuter à Chambly Bassin. Puis, en suivant le cours de la rivière en direction du Saint-Laurent, nous pourrions ainsi visiter

Chambly Canton, Richelieu, Saint-Mathias, Mont-Saint-Hiliare, Saint-Charles, Saint-Denis, Saint-Ours, et cetera. Ensuite, quand on se croirait rendu assez loin dans ce voyage improvisé, il serait facile de revenir vers Montréal en suivant de nouveau les abords du Richelieu, mais cette fois du côté ouest et à rebours du courant.

J'entrepris donc de faire sans retard une visite personnelle, préliminaire et stratégique, une visite de reconnaissance générale sur les lieux mêmes afin d'établir si un tel plan pouvait être facilement réalisable par quiconque en aurait soudain le goût. Car il faut tout de même songer à la réussite.

Après deux randonnées complètes dans les limites du circuit projeté, je me suis vite rendu compte que beaucoup de choses avaient changé au cours des quatre ou cinq dernières décennies. Il ne semblait donc plus possible de vouloir parler intelligemment aujourd'hui de tel ou tel endroit sans, au préalable, rappeler ce qui avait bien pu se passer, au début du présent siècle et même auparavant, dans cette région.

Mais pour offrir une explication valable des choses, il me semblait essentiel d'établir un rapport entre le présent que nous pouvons encore voir et palper, et notre récent passé qui est visiblement disparu et parfois même oublié. Il fallait donc entreprendre une véritable chasse aux sources afin de pouvoir de la sorte reconstituer plus ou moins bien les origines qui nous aideraient peut-être à mieux comprendre ce qui se passe actuellement sous nos yeux à cet endroit.

Par ailleurs, il ne pouvait être question de répéter ce qu'on dit toujours officiellement et ennuyeusement à propos d'aventures foraines de ce genre. Il nous faudra mettre de côté la beauté individuelle des divers sites, les nombreux chemins de fer avoisinants, les volumes variables des populations successivement rencontrées, les attraits touristiques multiples et particuliers, les meilleurs endroits où l'on peut trouver un gîte et un couvert recommandables. D'autant plus, qu'au sujet de toutes ces notions à caractère purement utilitaire et plutôt mercantile, il existe déjà chez nous suffisamment de publications plus ou moins officielles pour aviser les gens qui voudraient obtenir ces renseignements pratiques. Ce qui n'est pas notre rôle.

Le présent projet d'une calme tournée en rase campagne viserait d'abord à s'attarder aux choses intéressantes que le touriste de passage peut être porté à négliger pour la simple raison qu'il n'en est à peu près jamais question parmi nous. Ainsi, et en toute quiétude, on pourrait partir à l'aventure dans la vallée du Richelieu dont le cours d'eau historique fait, lui aussi, partie intégrante de notre patrimoine communautaire.

* * *

Ce projet de randonnée rurale devant en principe débuter à Chambly Bassin, il paraissait tout de suite normal d'aller rencontrer des représentantes de la communauté des sœurs Grises. En effet, ces dernières avaient longtemps occupé dans ce village une vaste maison de pensionnat pour adolescents des deux sexes et aussi de nombreuses dépendances, au début du présent siècle. Cela nous amena à faire sans retard une visite amicale à ces bonnes sœurs dites Grises, dans leur vieille maison mère qui existe encore aujourd'hui, rue Guy, à l'angle du boulevard Dorchester, à Montréal. De plus, il fallait faire diligence car de persistantes rumeurs circulent depuis un bon moment voulant que cette vénérable et ancienne bâtisse soit bientôt la victime d'une démolition plus ou moins prochaine, comme tant d'autres édifices de chez nous depuis quelque temps, pour faire place, dit-on, à des bâtiments plus vastes, plus élevés ou encore plus fonctionnels. Une nouvelle façon de voir les choses qui paraît exiger des transformations aussi radicales dans nos vieux arrangements urbains.

Je m'amenai donc au grand couvent de la rue Guy. Une bonne sœur réceptionniste m'a aussitôt accueilli avec l'affabilité habituelle de ces dames d'une autre époque. Et j'ai même appris, séance tenante, que des sœurs que j'avais connues au Jardin de l'Enfance de Chambly, cinquante-cinq ans auparavant, étaient toujours de ce monde et que cela leur procurerait assurément une grande joie si je voulais bien aller leur faire une visite dans leur quartier privé.

Je n'avais pas prévu une pareille tournure des événements et cela au tout début de mon enquête para-touristique. Mais enfin, j'allais pour ainsi dire quémander des faveurs. J'étais donc plutôt mal placé pour refuser un petit plaisir aussi inoffensif à de gentilles dames d'un certain âge qui ont toujours manifesté de la bienveillance à mon égard, sans arrière-pensée ostensible.

Le mot de passe ayant été transmis sans bruit, on prépara rapidement sœur Marie-Alma C. pour recevoir ma visite. Ainsi, je la trouvai sous son jour le plus favorable, eu égard aux circonstances et aux conditions toujours imposées par des règlements vieillots qu'on s'efforce encore d'appliquer le mieux possible, malgré les transformations universelles de ces dernières années. Mais il faut bien reconnaître que la pauvre avait pris de l'âge et qu'elle était devenue beaucoup moins pimpante et alerte qu'autrefois alors que, de 1918 à 1920, elle m'avait rigoureusement fait la classe, comme à beaucoup d'autres d'ailleurs, au Jardin de l'Enfance de Chambly.

On s'est donc revus simplement et sans façon. Par la magie d'une belle mémoire encore à point, elle m'a tout de suite reconnu. Et l'on s'est aussitôt engagés dans une conversation accélérée qui a duré aussi longtemps que son état de santé plutôt précaire a pu tenir le coup. Mais j'étais visiblement, et sans le vouloir, devenu la cause de fortes émotions chez cette vieille institutrice que je revoyais pour la première fois et qui, cinquante-cinq années plus tôt, dans un cadre champêtre et assez enchanteur, avait tenté de m'apprendre des choses utiles pour mon avenir personnel. Sans jamais savoir, bien sûr, ce qui pourrait par la suite résulter d'efforts aussi notoirement désintéressés au profit d'un pur inconnu.

Par une chance assez extraordinaire, je m'adonnais à avoir sur moi un souvenir tangible de ce lointain et magnifique passé. Il s'agissait d'une petite image fortement enluminée, et dite alors « sainte », dont elle m'avait autrefois fait cadeau pour des raisons sans doute louables, mais dont je ne me souviens plus. Au fait, ce délicat et gentil souvenir de frêle cartonnage porte encore au dos le nom de la donatrice d'autrefois avec qui je causais à présent.

Nous avons vécu de véritables retrouvailles. Le moment était d'autant plus impressionnant qu'on ne pouvait se défaire de l'idée que dans peu de temps, sans doute, ni la personne que je visitais, ni peut-être même la grande maison qui servait alors d'abri à toutes ces vieilles dames devenues plus ou moins invalides, seraient encore parmi nous, sans qu'on n'y soit pour rien.

Mais, les affaires demeurant toujours les affaires, je réussis tout de même à apprendre qu'à la maison mère de la rue Guy, il n'y avait pas de souvenirs tangibles de l'orphelinat ou du village de Chambly, concernant les débuts du présent siècle. Toutes ces belles choses d'un précieux passé avaient été transportées à la maison provinciale, située quelque part dans l'est de la ville et aussi à la maison générale, maintenant installée en bordure de la rivière des Prairies, au nord-ouest et aux limites de Montréal.

Il ne restait donc plus qu'à suivre la filière habituelle. D'ailleurs, après douze années consécutives de pensionnat et un séjour respectable dans l'armée de notre pays, j'avais appris à me soumettre de bonne grâce à des arrangements administratifs de ce genre.

Un peu plus tard, ma première visite étant terminée, je m'annonçai puis je me présentai à la maison appelée provinciale. Et là, après les salutations d'usage, je fus conduit par une bonne religieuse dans la salle des archives où l'on me fit aussitôt voir des souvenirs photographiques de l'époque ancienne de Chambly. J'étais même autorisé, m'a-t-on dit, à en prendre des copies. Mais l'on s'empressa d'ajouter que les pièces les plus importantes étaient conservées à la maison générale, installée à présent en bordure de la rivière des Prairies.

Je n'avais donc rien de mieux à faire que de me rendre à cet autre endroit. Là encore, après les présentations habituelles, je m'aperçus que j'étais attendu et je fus tout de suite invité à me rendre à la salle des archives, impressionnante et fort moderne. De nouveau, j'ai pu examiner à loisir de nouvelles répliques photographiques de scènes et de nombreux bâtiments que j'avais autrefois connus à Chambly Bassin. J'étais même autorisé, là aussi, à en faire toutes les copies que je croirais utiles à mon projet de randonnée prochaine dans la vallée du Richelieu.

Je n'allais certes pas hésiter devant une offre pareille. D'autant plus, qu'à propos de ces documents vieillots mais précieux, il ne reste plus beaucoup de témoins survivants pour expliquer aujourd'hui ce que peuvent représenter ces images jaunies d'une époque révolue. Un peu comme avec ces albums de famille surannés où l'on rencontre de très anciennes photos sur zinc représentant de vieux messieurs et de vieilles dames à l'air digne et fort solennel, aux parures et accoutrements étranges et d'un autre âge, mais dont plus personne ne connaît les noms et les liens de parenté avec nos familles présentes. On devient alors les témoins impuissants et un peu tristes d'un bel effort de notre passé disparu dans l'oubli. Mais, par suite d'une certaine indifférence des générations intermédiaires, tous ces beaux souvenirs personnels ne semblent plus avoir de sens et cela, malheureusement, pour toujours. Nous avons ainsi perdu contact avec ce précieux naguère à qui l'on doit littéralement la vie et ses bienfaits dont nous jouissons aujourd'hui sans les avoir mérités.

Avant d'entreprendre ce projet de promenade le long de la rivière Richelieu, il était normal et sage d'aller faire une visite aux survivantes des vieilles congrégations d'enseignantes du passé, car elles paraissaient être à peu près les seules à avoir conservé en bon état des souvenirs visuels des choses et des divers arrangements qui ont existé au temps jadis. C'est d'ailleurs pour cette même raison qu'en plus des rencontres avec les sœurs Grises, des visites semblables furent aussi faites à la maison mère des sœurs de la Congrégation de Notre-Dame, héritières en ligne directe de notre historique Marguerite Bourgeoys. Car là encore, les précieuses archives conservées avec une dévotion évidente ont permis de rappeler les détails d'anciennes maisons d'enseignement fort renommées, mais qui sont aujourd'hui disparues dans l'oubli, au point même que les habitants actuels des lieux concernés paraissent peu en mesure de fournir des précisions quant aux sites occupés par ces institutions qui, dans le temps, ont rendu d'aussi remarquables services aux nôtres.

Étant ainsi pourvu d'un peu de matériel d'information para-touristique, il nous était maintenant plus facile d'aller visiter les lieux mêmes où divers événements d'autrefois ont fortement marqué notre passé communautaire et fait de nous ce que nous sommes aujourd'hui.

Mais, pour se rendre à Chambly Bassin en partant de la ville de Montréal au début du présent siècle, il faut rappeler qu'à cette lointaine époque les moyens de communications étaient plutôt rudimentaires. Il n'y avait pas encore de chemins rapides du genre que l'on connaît aujourd'hui, ni de voitures de taxi pour parcourir de longues distances, ni même assurément d'automobiles familiales. D'ailleurs, les routes de terre locales étaient plus ou moins bien construites et entretenues. Leur utilité pratique ne se faisait pas encore sentir aux habitants de ces régions.

Par contre, il y avait heureusement un service de transport en commun sur rail qui a existé entre Montréal et la banlieue de la rive sud, à partir de 1913. Ce chemin de fer, sans prétention, était à l'époque équipé de modestes et tristes tramways électriques peints tout en noir comme s'il s'agissait d'une entreprise de deuil.

On se rappelle encore aujourd'hui que, après de longues et laborieuses tractations avec les officiels de la ville de Montréal et aussi avec des représentants de différentes industries ferroviaires de l'époque, la compagnie propriétaire de ces tramways nouveaux et peu impressionnants avait enfin réussi à obtenir la permission de poser des séries de rails dans les rues avoisinant le port de Montréal, dans la partie ouest de la ville, puis les fils nécessaires pour fournir le courant électrique requis et les autres objets de grément indispensables à une opération publique de ce genre. Entre autres, il fallait par exemple installer une voie ferrée additionnelle sur une sorte de tablette attachée au côté du nouveau pont Victoria qui venait tout juste d'être rénové et agrandi.

Au départ, tout ce déploiement compliqué et mal vu des gens en place ne devait fournir qu'un service de transport plus ou moins fiable et régulier à la seule population de Saint-Lambert et, plus tard, à celle de Longueuil en prévoyant, bien sûr, divers arrêts à des endroits qu'on jugerait utiles le long de la rive sud.

Mais l'idée de cette route ferroviaire originale étant finalement acceptée, l'entreprise prit bientôt de l'ampleur. Ainsi, en 1913, les tramways atteignaient déjà Chambly puis, peu après, se rendaient jusqu'à Marieville. Enfin, en 1916, c'était à présent au tour de la petite ville de Granby de connaître la grande joie de son premier convoi arrivant directement de Montréal. Et ce fut là, naturellement, l'occasion d'une grande fête populaire qui marquait la fin d'un long et désastreux isolement qui avait toujours nui au développement de cette gentille localité rurale.

En l'année 1918, lorsqu'on se proposait d'aller faire une balade sur la rive sud du Saint-Laurent, il fallait se rendre à la toute petite gare installée au point de départ de cette modeste ligne de tramways électriques qui était à présent devenue le plus rapide sinon le seul moyen de communication serviable entre Montréal, Chambly et les environs. La compagnie s'appelait le « Montreal and Southern Counties Railway ».

Le souvenir de cette petite gare en brique rouge est naturellement resté bien vivace dans l'esprit de l'auteur. Il fallait donc, au début du présent projet d'une nouvelle randonnée dans la vallée du Richelieu, tenter de la retrouver, cinquante-sept années plus tard, dans le fouillis des constructions multiples et successives qui ont, petit à petit, littéralement transformé l'apparence de ce qui s'appelle encore le Vieux Montréal de chez nous.

Il a donc fallu entreprendre des pérégrinations dans les recoins du port, mais par chance ces recherches ont fini par être couronnées de succès. En effet, ce petit bâtiment toujours sans prétention existe encore et se trouve en assez bon état de conservation, au pied de la rue McGill, un peu au nord de la rue de la Commune.

La bâtisse n'a évidemment plus son rôle original. Mais elle a réussi à survivre malgré des démolitions en série effectuées dans le voisinage immédiat. Ainsi l'emplacement ancien continue de rappeler de précieux souvenirs à tous les passants qui ont dû recourir aux bons offices de cette louable entreprise ferroviaire il y a plus d'un demi-siècle.

Car, en 1918, une fois qu'on était monté à bord d'un de ces tramways, on devait rouler cahin-caha et pour un bon moment le long des énormes élévateurs à grain fraîchement construits en bordure du fleuve, puis on frôlait d'énormes tas de charbon accumulés ici et là à ciel ouvert et visiblement destinés à fournir aux citadins le combustible indispensable pour leur permettre de survivre collectivement durant le prochain hiver.

Après bien des détours et d'innombrables ralentissements, on atteignait le pont Victoria qui nous permettait de passer au-dessus du fleuve dans le cliquetis habituel et inévitable et on finissait par atteindre la terre ferme sur la rive sud du Saint-Laurent au cours majestueux, comme le dit si bien l'hymne « O Canada, mon pays, mes amours ! »

Cet obstacle majeur étant franchi, nous roulions à présent en pleine campagne. Le tramway, plus sûr de lui-même, pouvait donc accélérer quelque peu sa course et nous amener assez rapidement et joyeusement vers notre destination du moment, que nous finissions toujours par atteindre avec le temps et un peu de patience.

2. Chambly

Chambly était formé à cette époque de deux municipalités distinctes. L'une s'appelait Chambly Bassin et l'autre, Chambly Canton. Toutes deux étaient d'ailleurs solidement campées côte à côte, en bordure du Richelieu, à l'endroit de son élargissement qui portait le nom de bassin.

Quand on arrivait de Montréal par les tramways électriques de la compagnie appelée « Montreal and Southern Counties Railway », après un trajet lent et sans histoire à travers la jolie campagne environnante, les véhicules s'arrêtaient à une petite gare fort ancienne, définitivement rustique, et construite à la croisée d'un chemin en terre. Malheureusement, cette modeste bâtisse en bois n'existe plus. Il lui a fallu disparaître il y a quelque temps pour laisser la place à une route sur laquelle des automobiles filent maintenant à toute allure, en passant sans hésitation sur ses ruines frêles et historiques.

La présence de cette gentille station d'arrêt du passé n'est plus tellement nécessaire aujourd'hui. Les tramways eux-mêmes ont disparu dans l'inconnu ainsi que l'antique système de filage aérien qui fournissait le courant électrique à ce réseau de transport autonome, bien utile autrefois. Pour tout dire, l'ancienne compagnie qui était propriétaire en titre de ce beau grément a, elle aussi, cessé d'exister sans bruit depuis près de deux décennies. Son avoir matériel n'ayant plus guère de valeur pratique a été absorbé par la Compagnie des chemins de fer Nationaux du Canada, connue sous le nom de Canadien National.

Quand on arrivait au village de Chambly Bassin que l'on désignait ainsi en 1918, même sur les tables d'horaire de la compagnie de tramways de l'époque, il y avait sans cesse autour de la petite gare locale des gens de l'endroit qui aimaient bien assister à chaque nouvel arrivage qui représentait toujours un événement intéressant. Il était donc facile d'obtenir sur place des renseignements sur la meilleure route à suivre pour atteindre la destination qu'on s'était proposée.

On pouvait ensuite se mettre résolument en marche, le long des petites rues en terre battue, poussiéreuses, qui portaient comme dans les grandes villes des noms bien affichés qui facilitaient les recherches. Il y en avait une par exemple qui s'appelait Salaberry, une autre Burgoyne, et ainsi de suite.

À la vérité, ces noms étranges ne signifiaient peut-être pas grand-chose pour les nouveaux venus qui n'étaient âgés que de dix ans, comme c'était alors le cas pour l'auteur des présentes réflexions, et sans doute aussi pour le pater familias qui à ce moment servait de compagnon de route. Lui-même était un ancien terrien d'une autre région, devenu soudain un néo-citadin par la force des circonstances, qui n'avait jamais eu l'occasion de fréquenter l'école durant ses jeunes années. À l'époque, on leur avait répété assez régulièrement que cela n'était pas nécessaire pour gagner leur vie. On n'aurait qu'à rappeler, par exemple, un certain dicton populaire qui affirmait clairement : « À quoi sert à l'homme de gagner l'univers s'il vient à perdre son âme ! » et d'autres préceptes du même genre qui nous étaient répétés avec une fréquence assidue et vigoureuse.

Donc, pour nous rendre à notre destination, il fallait entreprendre une bonne marche le long de petites rues boisées, bordées de jolies pièces de gazon parsemées d'arrangements floraux bien entretenus qui entouraient de vastes maisons au grand air.

Et soudain, on arrivait à une croisée de plusieurs rues qui semblaient se rejoindre toutes à l'endroit même où, pour la première fois, nous apercevions une vaste nappe d'eau tranquille qui ressemblait à un véritable lac ; mais des renseignements subséquents nous révélaient qu'il ne s'agissait en réalité que d'un simple élargissement du Richelieu, survenant à ce point de son long parcours en direction du fleuve Saint-Laurent et de la ville de Sorel, située beaucoup plus au nord.

Et, comme pour ajouter du piquant à cette scène inattendue, on pouvait à présent entendre au lointain le bruit sourd et continu d'une forte chute d'eau. Tout cela amena le pater familias à s'arrêter, songeur, pour un moment, et à dire à haute voix, et pour lui seul, qu'il devait y avoir beaucoup de gens fort à l'aise qui habitaient à cet endroit. Mais ce n'était pas là le but immédiat de notre promenade à l'intérieur de ce vieux village.

Virant à présent vers la gauche et longeant la rive du bassin de Chambly, nous sommes passés presque tout de suite devant un gros édifice à plusieurs étages et joliment revêtu de briques rouges en parfaite condition. À ce moment, nous savions déjà par les renseignements obtenus auparavant à la petite gare qu'il ne fallait pas nous y arrêter, car il s'agissait ici d'un couvent des sœurs de la Congrégation, destiné aux jeunes filles de bonnes familles. Rien de moins.

Notre hésitation ne fut donc que d'une courte durée et nous avons continué la marche entreprise. Mais tout de suite, nous sommes arrivés tout près d'une autre bâtisse également imposante qui devait cette fois être celle des sœurs Grises. Elle était alors littéralement construite en bordure du trottoir et elle était le but de notre visite à Chambly.

Nous étions devenus inopinément orphelins de mère quelques jours plus tôt, à la suite des ravages causés durant la période tristement célèbre de l'épidémie de «grippe espagnole» survenue au cours de l'automne 1918. Le pater familias, se retrouvant veuf par la même occasion, malgré son désarroi personnel, avait dû prestement se mettre en frais de dénicher des refuges d'urgence pour abriter tant bien que mal sa très jeune et quintuple progéniture. Devant faire face à un cas de force majeure, il n'avait pas le choix. Il n'y avait plus personne à présent à la maison pour donner aux enfants les soins habituels qui sont nécessaires dans les situations de ce genre. Le père devait continuer d'accomplir chaque jour son travail à l'extérieur simplement pour loger, nourrir et habiller tout son monde.

La première phase de ce réarrangement familial essentiel concernant cette fois l'auteur des présentes réflexions fut notre arrivée improvisée à Chambly Bassin et au Jardin de l'Enfance, ou orphelinat, que les sœurs Grises ou sœurs de la Charité dirigeaient alors, afin de procurer à tout venant qui subissait une situation identique à la nôtre un service communautaire et indispensable.

En résumé, et pour faire vite, le père s'arrêta donc à la première des nombreuses portes qui semblaient permettre l'accès à ce nouvel édifice. Il actionna la sonnette habituelle. Une petite religieuse frêle, timide, et fort gênée vint nous ouvrir presque aussitôt. Autant par signes que par un bruissement de paroles, elle nous fit comprendre qu'il nous fallait passer dans la pièce voisine du parloir. La supérieure de la maison viendrait nous y rejoindre dès qu'elle le pourrait. Ce qui se produisit inévitablement.

Une dame d'un certain âge, à l'air fort digne, vêtue de l'uniforme réglementaire de cette lointaine époque, est apparue l'instant d'après. Elle se présente. C'était sœur Hedwige, la supérieure de l'institution. Il n'y eut que quelques mots d'échangés. Visiblement, tous les détails de mon arrivée avaient été prévus et réglés hors de ma connaissance, depuis un bon moment. À mon âge, je n'avais sans doute pas à être consulté.

Alors, comme nous l'avons déjà dit ailleurs, mon père, solennel et un peu distrait, déposa ma valise qu'il avait fermement tenue à la main jusque-là. Il jeta un dernier coup d'œil vers la grande fenêtre sur le paysage champêtre entourant le lac et il partit comme il était venu, sans ajouter une seule parole qui serait devenue un commentaire inutile et sans conséquence, au point où en étaient les choses.

À ce moment, et d'un signe discret, la supérieure m'invita à la suivre. Ce que je fis en emportant à mon tour la petite malle bourrée de mes possessions terrestres.

Au bout d'un long couloir sombre, on rencontra sœur Clara D. qui, à son tour, sur un autre signe de la supérieure, me prit en charge et me fit monter plusieurs escaliers aux marches quelque peu usées. Je n'avais jamais vu cela auparavant.

Nous arrivâmes ainsi en silence à une colossale chambre à coucher où il y avait bien plus d'une soixantaine de lits tout blancs. J'appris aussitôt qu'il s'agissait du dortoir des garçons et que dorénavant, pour le temps de mon séjour dans la maison, je devenais le numéro soixante-treize. Tous mes effets personnels devraient sans retard porter d'une façon indélébile ce chiffre d'identification. Ce qui s'avéra tout de suite une opération plutôt complexe, vu que je n'étais guère équipé pour un travail de ce genre. J'ai dû le réussir de quelque façon puisque, en apparence, je n'ai rien perdu, que je sache, jusqu'à ce jour. Et pour comble de chance, lorsque deux ans plus tard, je suis devenu pensionnaire au grand orphelinat des frères du nord de la ville, appelé orphelinat Saint-Arsène, où nous devions bien être

24

près de 450 jeunes garçons, le vieux frère Blaise, gardien un peu bourru de notre immense vestiaire formé de longues rangées de cases superposées jusqu'au plafond, remarqua que je portais déjà le numéro 73. Il trouva alors ingénieux et tout simple de m'accorder à son tour et séance tenante le numéro 273 qui par hasard était libre. Il va sans dire que cela allait singulièrement simplifier l'opération du nouvel étiquetage de tous les articles de mon grément personnel, d'un caractère d'ailleurs plutôt modeste.

Pour revenir à nouveau à mon jour d'arrivée au Jardin de l'Enfance de Chambly, une fois que, sous l'œil vigilant de sœur Clara D., mes maigres effets furent rangés dans une petite armoire qui portait naturellement mon numéro d'identification, et que ma valise vide me fut prestement enlevée pour être, m'a-t-on dit, placée ailleurs, je suis aussitôt reparti à la suite de la bonne sœur qui avait pris charge de mes premiers pas dans cette maison.

Tout de suite, on a entendu une grande clameur qui semblait provenir d'un peu plus loin sur le même étage. Avant que j'aie pu poser des questions à ce sujet, la sœur Clara m'informa d'une façon plutôt péremptoire qu'il s'agissait de la salle de récréation des filles et que les garçons n'y étaient pas admis. Pour l'instant, la chose n'avait à mon avis qu'une importance secondaire. Après tout ce qui était en train de m'arriver ce jour-là, j'avais bien sûr à l'esprit des préoccupations différentes et beaucoup plus importantes.

On descendit un escalier et la sœur cicérone, manifestement soucieuse de me familiariser le plus vite possible avec mon nouvel habitat, me fit alors entrer dans une grande salle de classe. La pièce était jolie, propre, éclairée et, à première vue, plutôt bien équipée. Ayant été pendant quatre ans un bon élève régulier de mon école paroissiale Saint-François-Xavier, j'étais déjà au courant de la nature et de la fonction des salles de classe et de récréation, des longs couloirs sombres et des autres arrangements analogues qui, depuis fort longtemps, sont assez semblables dans les maisons d'enseignement, du moins dans celles que nous avons en Amérique du Nord.

Puis un nouvel escalier, posément descendu en silence. Soudain, sans préambule, je me suis retrouvé dans la vaste salle de récréation des jeunes garçons de l'endroit. J'y entrais pour la première fois. La sœur Clara D. qui m'avait guidé jusque-là, avait tout à coup littéralement disparu, quelque part dans les cadrages. J'étais seul. Faisant semblant d'être très sûr de moi-même dans ce milieu étrange, je me dirigeai sans hâte vers une grande fenêtre où il n'y avait personne. Puis, me retournant, je fis face à la troupe qui modéra alors un peu ses jeux de récréation. J'étais soudain et visiblement devenu pour tous un étranger, représentant une valeur inconnue dans un milieu déjà tout organisé. Il restait à savoir si nous pouvions maintenant apprendre à nous connaître et à vivre paisiblement ensemble.

Le moment d'indécision et d'incertitude communicatives fut de courte durée. Bientôt, il

26

nous fallut en effet faire face à de nouvelles expériences.

Un signal annonça que c'était déjà l'heure de se rendre au réfectoire pour la séance du souper qui se déroulait en commun et dans un silence total. J'appris tout de suite que tout le monde devait manger les mêmes mets qui étaient servis rapidement et cela, sans hésitation, ni possibilité de menu alternatif. Il fallait également accepter toute la portion attribuée à chaque convive, sans cela, on risquait d'encourir des représailles qui ne se faisaient pas attendre. C'était assez clair et l'on était mal placé pour offrir une résistance maladroite à ceux qui représentaient l'autorité.

Cette expérience toute neuve et jusqu'alors insoupçonnée me fit aussitôt comprendre que mon régime de vie personnelle venait d'être modifié d'une façon radicale et sans retour. Il fallait tout accepter de bon gré, quelles qu'en fussent les conséquences. En toute justice, il faut cependant reconnaître que cette aventure culinaire imprévue a bientôt fini par rapporter des fruits inattendus. Car depuis lors, comme nous l'avons déjà raconté, cette curieuse épreuve frappa solidement ma jeune imagination et m'enleva pour toujours l'envie de pratiquer à table les exercices de fine gastronomie et de céder aux méchants désordres de la gourmandise. Cette frugalité alimentaire, devenue rapidement une habitude, a fait naître par la suite en moi un détachement stoïque devant toute mangeaille excessive. Plus tard, l'habitude acquise s'est révélée une véritable veine, lorsque le volume ou la variété des aliments disponibles se présentaient à un rythme plutôt restreint. Encore une fois, il nous faut bien reconnaître que tout vient à point à qui sait attendre.

Après ce mémorable repas de pensionnaire que je pris pour la première fois, le soir de mon arrivée à l'orphelinat rural, tout le personnel de la maison au grand complet se rendit solennellement à l'oratoire pour y réciter les dévotions communautaires du soir. Et là encore, une nouvelle surprise m'attendait. Une soixantaine de garçons étaient soigneusement alignés dans les bancs de gauche, et un nombre presque égal de filles se trouvaient à droite ; dans les deux cas, les plus jeunes étaient placés par ordre de grandeur à l'avant et les plus vieux, à l'arrière. Ce qui, là aussi, suscita un résultat assez imprévu. Car ayant été dirigé d'office vers les plus grands pour des raisons ne relevant que du bon vouloir des surveillantes, et étant un élève nouvellement arrivé sur les lieux, après le début de l'année scolaire, il était naturel que je devienne vite un objet de curiosité pour les grandes filles en prière, installées tout près, du côté droit. La demi-pénombre du lieu ne pouvait que faciliter davantage un examen méticuleux de ce nouveau collègue, exécuté en bon ordre et sous le couvert d'un recueillement collectif auquel tous s'attendaient dans cet endroit auguste où nous nous trouvions.

Mais hélas ! le rituel de nos dévotions réglementaires ayant été vigoureusement et promptement observé, ce fut bientôt, et trop vite, le signal d'un nouveau départ collectif accompli en bon ordre, en rangs pressés et, bien sûr, en silence comme auparavant.

Les filles partirent d'abord; après un moment, les garçons suivirent deux par deux et en colonne de route. À un point précis, les filles bifurquèrent pour aller à droite et vers l'inconnu, et rendus au même point, les garçons se dirigèrent à gauche, sans trace d'hésitation. Visiblement, tous se rendaient à leurs dortoirs respectifs qui se trouvaient, de par la force des choses, isolés l'un de l'autre. Nous arrivions ainsi à la séance de déshabillage progressif, méthodique, mais accéléré, et là encore, l'exercice devait s'effectuer suivant un rituel strict, public et silencieux. Tous étaient bientôt prêts, debout et au garde à vous, à la tête de chaque lit; un autre signal conventionnel invitait tout le monde à se mettre prestement dans leur couchette. Ensuite, après un rapide coup d'œil circulaire pour s'assurer que chacun était bien à sa place, la surveillante fermait d'un coup sec tout le système d'éclairage, sans qu'une seule parole ne soit prononcée par quiconque.

Après quelques instants, la surveillante entrait à son tour discrètement dans son alcôve sommaire et personnelle formée d'une série de grandes pièces de toile installées bout à bout et placées sur un échafaudage rudimentaire, dans un coin de notre vaste dortoir.

C'était la fin d'un premier jour de pensionnat vécu loin du logis familial et rempli d'événements fantastiques pour un tout jeune garçon de dix ans, mais c'était aussi la fin d'une époque pour tous ceux qui, un jour, sont passsés par là. Car, bien sûr, on allait à présent vivre une ère nouvelle dont il n'était pas encore possible de prévoir les futurs développements.

* * *

Le lendemain, car il y a toujours des lendemains, un réveil général et immédiat, sommairement annoncé, tira du sommeil tout ce jeune monde. Alors ont suivi des ablutions rapides et peu élaborées, un rhabillage exécuté en vitesse et sans fantaisies inutiles, des formations de rangs et des descentes d'escaliers accomplies dans l'ordre obligatoire et dans le silence réglementaire, et une nouvelle visite collective à l'oratoire pour de pieuses manifestations matutinales. Après quoi, ce fut le retour au réfectoire, pour y prendre un déjeuner très frugal, offert dans les mêmes conditions que celles de la veille.

À la fin du repas matinal, uniforme et sans histoire, tous les pensionnaires devaient prendre part à la première récréation quotidienne avant d'entreprendre les travaux communautaires scrupuleusement agencés pour bien remplir toutes les heures de la journée. Par la suite, chaque jour serait sans doute exactement semblable jusqu'à la fin de l'année scolaire, ou à peu près.

Mais le lendemain de ce premier jour de pensionnat, la température était belle; tout le personnel de la maison sans exception devait se rendre aussitôt dans la grande cour extérieure, installée à l'arrière de l'orphelinat. Là, il y avait du gazon, de beaux arbres et divers jeux de barres rigides,

des balançoires, des anneaux suspendus, et d'autres jeux ; on y voyait aussi les gros bâtiments d'une véritable ferme en pleine exploitation. Il y avait donc de quoi satisfaire toutes les curiosités individuelles et assez d'espace pour permettre aux garçons et aux filles réunis ensemble de s'ébattre sans se nuire les uns aux autres, et pour inventer des divertissements répondant à leurs goûts, sans entraîner de trop sérieux dégâts. La liberté de chacun devait là aussi, et comme toujours, s'arrêter à la frontière de celle des autres. La surveillance officielle et vigoureuse continuait de se faire pour éviter toute tendance à un désordre qui aurait pu nuire au bon fonctionnement de cette récréation en plein air.

Il va sans dire que cette généreuse façon de procéder pouvait, assez vite, s'avérer enrichissante pour tous les participants, pourvu qu'on sache y apporter de l'intuition, du désir d'apprendre, et un peu de bonne volonté de part et d'autre. Ce qui en fait n'a pas manqué de se produire. Il aurait été peu sage d'agir autrement et de rater une chance aussi exceptionnelle.

Ensuite, il y a eu, bien sûr, au cours des jours qui suivirent, plusieurs autres visites à l'oratoire accompagnées des mêmes avantages précieux et accomplis dans le même ordre qu'auparavant, ainsi que des repas très simples, pris sans forfanterie ni allégresse excessives.

Dès le début de ce second jour de pensionnat chez les sœurs, une nouvelle sonnerie de cloche qui donnait toujours le signal public d'un changement immédiat de nos activités collectives annonça que le moment était venu pour nous d'aller en classe. Les choses devaient d'ailleurs se passer à peu près de la même façon dans toutes les régions du monde occidental ou du moins, dans le monde nord-américain. Cependant et fort heureusement pour nous, l'établissement était mixte et les garçons et les filles étaient libres de se parler autant qu'ils le désiraient. Cette situation pouvait offrir de sérieux avantages para-académiques. De plus, par la force des choses, les plus grands et les plus âgés étaient groupés ensemble; ceci ne pouvait nous aider qu'à mieux nous comprendre tous.

* * *

Puis, peu à peu, nous avons été mêlés aux activités de la paroisse même de Chambly et nous avons également participé à des manifestations para-théâtrales, à des efforts communautaires de gymnastique et même à certains déploiements au caractère nettement sportif. En somme, nous avons vécu la vie de jeunes pensionnaires dans toutes ses phases habituelles que d'ailleurs, avec le temps, nous avons fini par apprécier ouvertement et sans fausse honte, au point que même après plus de cinquante ans, nous pouvons encore en parler sans restriction et sans arrière-pensée.

Un jour, sœur Chatel nous fit visiter les bâtiments de la ferme attenante à la maison, l'écurie, la grange, le potager qui devenaient très instructifs surtout pour des jeunes qui, jusque-là, n'avaient connu rien d'autre que la vie en ville. Puis, comme elle s'occupait aussi des fournitures communautaires, elle nous amena de temps à autre et en groupes chez divers marchands du village, sans doute pour nous montrer comment elle devait, elle aussi, faire des commissions occasionnelles. Au fait, notre présence devait parfois s'avérer bien commode, surtout lorsqu'il fallait rapporter à l'orphelinat des paquets de marchandises. En somme, à l'époque, on savait faire appel à tout ce qui pouvait servir et cela devenait toujours de nouvelles formes de récréation pour les jeunes que nous étions alors.

Toutes ces multiples activités faisaient que nous étions toujours prêts pour exécuter une séance théâtrale de notre âge, ou pour participer à une parade publique où notre présence ne manquait pas d'être remarquée, ou encore pour débiter des récitations en groupes à l'occasion de la fête de monsieur le curé Charles Laforce et même de son vicaire qui pour se désennuyer venait souvent prendre part à nos jeux bruyants. On peut même révéler à présent qu'avec ses maigres ressources monétaires, le jeune ecclésiastique avait réussi à nous acheter une balle toute neuve, un bâton et plusieurs gants qu'il nous apporta, tout joyeux d'organiser de petites parties de baseball. Ce qui peut sans doute paraître assez incroyable aujourd'hui, mais c'est exactement ce qui s'est produit et c'est certes la première fois qu'il se fait remercier publiquement. Le pauvre homme, s'il est encore de ce monde, ne doit assurément pas s'attendre à un pareil témoignage à retardement, bien involontaire mais fort mérité.

Ensuite, et dans le même ordre de choses, nous avons également, et peu à peu au cours de belles promenades, découvert le canal de Chambly et son pont tournant installé au-dessus du chemin principal, nous avons admiré les belles maisons du village dont celle du fameux colonel de Salaberry et nous avons visité le vieux fort de Chambly au pied des violents remous de l'endroit. Après qu'on nous eut fourni certaines explications, nous avons tremblé de peur en voyant se balancer dans le vide la petite passerelle, faite de minces planchettes de bois, suspendue d'une rive à l'autre au-dessus de la tombée des chutes à l'aide de simples cordages. Il paraît qu'à l'époque, tous les jours et par tous les temps, à pied ou même avec leur bicyclette, des braves aimaient bien prendre ce fort dangereux raccourci pour gagner du temps ou se sauver des pas. Du moins jusqu'au moment où dans une tempête tout ce frêle grément s'est décroché et a sombré dans l'abîme sans laisser de traces. Comme quoi, même autrefois, ce petit coin de terre a lui aussi connu ses audacieux.

* * *

Après une courte promenade, sur le point de quitter Chambly, le visiteur qui y a vécu pour un temps autrefois peut éprouver un secret désir de rechercher sur place ce qu'il reste aujourd'hui de tout ce passé. Et refaisant alors de nouveau notre premier parcours, on peut facilement repérer, sur la rue Burgoyne, l'ancien Hôtel de Ville qui est toujours là et en bon état de conservation et devant la façade le beau monument dédié au grand citoyen de Chambly, le colonel de Salaberry, vainqueur de la bataille de Châteauguay, à l'époque de nos démêlés avec les États-Unis d'Amérique qui se sont effacés depuis lors.

En passant de nouveau devant l'ancienne maison des sœurs Grises de la Congrégation et du site de l'orphelinat des sœurs Grises qui ne remplissent plus le même rôle depuis un bon moment, on arrive au vaste emplacement de la vieille église, toujours bien solide et en bon état, même si naturellement son intérieur a été quelque peu modifié et modernisé avec le temps.

Le grand édifice en bois que l'on voit à notre gauche est une ancienne grange ayant autrefois appartenu à l'orphelinat des sœurs Grises. Cette construction, bien nettoyée et entretenue depuis ce temps, est à présent toujours prête à servir, quand l'occasion s'en présente, d'ouvroir, et même de salle de théâtre. C'est tout ce qui a survécu du couvent et de l'empire immobilier de l'industrieuse sœur Chatel qui n'en croirait certes pas ses yeux si elle revenait faire un tour.

Un peu plus loin, le gros collège des frères de l'Instruction chrétienne, qui fonctionnait à plein rendement en 1918, a été rasé et il n'en reste plus de traces. À sa place, se trouve un terrain de stationnement pour véhicules-automobiles. Le monument qui autrefois a été élevé en face de lui, en souvenir des mêmes Frères enseignants, a lui aussi subi les ravages du temps. La plaque de bronze n'est plus à sa place et il faut ainsi se renseigner aux alentours pour savoir ce dont il s'agit.

L'édifice du collège classique qui existait à l'arrière de l'église, au siècle dernier, est également disparu sans laisser de marques. Parfois, des anciens nous disent qu'un de ses élèves aurait été Pierre-Basile Mignault, devenu par la suite et avec le temps avocat et puis juge de la Cour suprême de notre pays. Le monument dédié au curé Mignault aurait été érigé en face de l'église comme un hommage durable que les gens de l'endroit auraient voulu rendre à un parent du juge Mignault qui en outre aurait fait construire l'église paroissiale qui existe encore et l'édifice du collège classique qui est disparu depuis plusieurs générations.

On ne peut s'empêcher de remarquer que le vieux cimetière de l'endroit toujours installé à l'arrière, comme c'était autrefois la coutume chez les nôtres, est encore en bon ordre et fort bien entretenu. Et il est naturellement rempli de vieux souvenirs comme tous les lieux de ce genre, chez nous. C'est là qu'on peut voir le monument funéraire qui fut un jour dédié à la mémoire du colonel de Salaberry. Mais il faudrait ajouter tout de suite ici que le colonel ne fut pas enterré à cet endroit lorsqu'il est décédé en 1829. En effet on l'aurait inhumé tout près des fondations de l'église, à la gauche de l'ancienne sacristie. Lorsque plus tard il a fallu faire des améliorations à l'arrière du temple, la présence des restes du pauvre colonel est devenue gênante et ainsi on a cru plus sage de transporter ses ossements plus loin dans le cimetière. C'est à ce moment d'ailleurs que, comme pour s'excuser un peu de ce geste désinvolte, les habitants du lieu auraient décidé d'ériger le monument funéraire qui malgré son grand âge existe encore aujourd'hui.

Quant au presbytère paroissial, il est toujours au même endroit et à peu près dans les mêmes conditions qu'il se trouvait il y a plus de cinquante ans, à l'époque où il était occupé par le curé Laforce.

Si après cette tournée dans le voisinage de l'église, on continue pour un moment notre promenade en bordure du bassin de Chambly, on arrive bientôt à une vieille plaque de bronze qui indique l'endroit où naquit autrefois Emma Lajeunesse, devenue avec le temps la grande cantatrice internationale connue au théâtre sous le nom d'Albani. On pourrait évidemment écrire un volume entier pour rappeler le souvenir de cette fameuse compatriote de chcz nous, mais cela dépasserait le cadre volontairement modeste que l'on s'est proposé en entreprenant la présente promenade en bordure du Richelieu. Quoique, pour aiguiser un peu la curiosité des chercheurs, on pourrait leur suggérer de tenter à leur tour de découvrir la véritable date de naissance de cette dame. Car il semble bien ici que nous soyons aux prises avec trois dates bien différentes et que le problème soit loin d'être résolu. On ne peut alors que souhaiter bonne chance à tous les intéressés.

Et quand on est sur le point de quitter Chambly pour de bon, on peut s'arrêter un moment au cimetière de Fort Chambly, rempli lui aussi de vieux souvenirs, et également devant la gentille petite église anglicane du voisinage qui porte le nom de St. Stephen. Cette délicate construction a été érigée afin de servir de lieu de dévotions périodiques aux troupes anglaises qui, au siècle dernier, étaient appelées à faire des séjours plus ou moins prolongés dans le voisinage pour les raisons que l'on devine.

Et à présent, il est temps de franchir le Richelieu, un peu en haut des chutes et du fort, et de se rendre sur l'autre rive afin de continuer la promenade que l'on s'est proposée.

3. Richelieu
et Saint-Mathias

Le village voisin que l'on rencontre à présent, et qui porte le nom de Richelieu, est situé à environ dix milles de Saint-Jean, sur la rive droite de la rivière. Or cet emplacement rural aurait au départ été visité par Champlain en 1609 lorsque ce dernier partit soudainement en guerre contre les tribus iroquoises. Mais la localité ne reçut son nom de Richelieu que plus tard, sous le gouverneur Montmagny, en 1642, alors que ce dernier avait succédé à Champlain en 1636. À l'époque, cette attribution qui a survécu avait été faite en l'honneur du cardinal Armand-Jean du Duplessis de Richelieu. Il était alors et depuis plusieurs années grand ministre sous Louis XIII, roi de France, et dirigeait les affaires du royaume en maître quasi absolu. Au fait, cet exemple assez extraordinaire devait être répété tout de suite après la mort de Richelieu quand un autre cardinal du nom de Mazarin, et d'origine italienne cette fois, est devenu à son tour Premier ministre du royaume de France et a gouverné ce pays durant de longues années, même au début du règne du puissant Louis XIV, grâce à l'affection que lui portait ouvertement la reine mère Anne d'Autriche.

Mais revenons à notre promenade.

Lors de la création de cette nouvelle paroisse rurale de Richelieu, vers 1868, cet emplacement reçut alors le nom de Notre-Dame-de-Bonsecours et son territoire provenait en bonne partie de la paroisse voisine de Saint-Mathias. Mais chose assez remarquable, ce dernier village, sous le nom de la Pointe-aux-Oliviers, avait lui-même été auparavant détaché de ce qui jusque-là avait été appelé Chambly. Ainsi dans la région, on avait de la suite dans les idées. Même la rivière Richelieu avait pour sa part souvent changé de nom dans le passé, ayant été, tour à tour, la « rivière-aux-Iroquois », puis la rivière de Sorel et ensuite la rivière de Chambly avant de recevoir le nom de Richelieu qu'elle porte depuis lors jusqu'à ce jour.

Lorsqu'en continuant notre route on dépasse un peu la présente église paroissiale, qui comme toutes les autres de la région fait face à la rivière, on aperçoit très vite à sa gauche, en bordure du cours d'eau dont le courant commence à s'agiter sérieusement, un joli petit parc qui attire l'attention et qui mérite qu'on s'y arrête un moment. En effet, cet endroit dont l'aménagement paraît être de date récente, commémore le jumelage symbolique de Richelieu dans la province de Québec avec Richelieu en France. Et, pour rappeler cet événement auquel on a voulu attacher un caractère historique, les organisateurs de cette fête un peu inusitée ont fait transporter sur les lieux une énorme pierre de la montagne à laquelle fut attachée

une grosse plaque de métal qui raconte succinctement les détails de cette curieuse aventure. On
peut y lire un texte officiel qui raconte ce qui
suit:

Parc Marcel-Fortier
inauguré à l'occasion du
centenaire de Richelieu
par
M. Robert Piquet
chargé d'affaires de France A.I. au Canada
en présence du
sénateur Marcel Fortier
maire de Richelieu (France)
et de
l'Hon. Jean-Jacques Bertrand
Premier ministre du Québec.
Il marque également le jumelage
de Richelieu (Québec)
avec Richelieu (France).
Trente et un août mil neuf cent soixante-neuf

On sait donc littéralement à quoi s'en tenir.
De plus, on apprend que ce monument durable
aurait été offert à la population de Richelieu par
les membres du Conseil municipal, incluant bien sûr
le maire et les conseillers alors en fonction, ainsi
qu'un certain nombre de collaborateurs bénévoles
dont les noms sont connus de tous. Cette énorme
roche, aux caractères particuliers et à la composi-
tion minéralogique un peu spéciale, aurait été
extraite d'une carrière située sur la moitié nord du
mont Saint-Hilaire qui offre des traits scientifiques
fort remarquables à tous les connaisseurs.

Notre petit arrêt au parc Marcel-Fortier, de Richelieu, n'aura donc pas été sans intérêt puisqu'il nous aura permis d'apprendre quelque chose à propos des ressources naturelles de la région, et aussi que, dans une déclaration officielle, un homme politique de l'étranger aura eu la préséance sur le Premier ministre du Québec. Ceci se passe de commentaires.

En retournant à présent sur la route pour continuer notre trajet, on peut tout de suite apercevoir encore à notre gauche les ruines du vieux barrage construit autrefois juste en haut des chutes et qui pour un temps a fourni de l'énergie électrique à la population du voisinage. Mais cet arrangement devenu désuet avec le temps n'est plus en opération depuis plus d'une vingtaine d'années. Ce qui est sans doute regrettable malgré les irrésistibles exigences de notre vie moderne.

* * *

En poursuivant paisiblement notre trajet, nous serons bientôt rendus au village suivant qui cette fois porte le joli nom de Saint-Mathias.

Encore une fois, le monument central qui attire tout de suite l'attention des passants, c'est l'église paroissiale et son entourage immédiat. On pourrait rappeler ici que Saint-Mathias fut, à l'origine, une mission desservie par les curés successifs de Chambly; ce régime un peu précaire a tout de même duré de l'année 1739 jusqu'à 1777. Cependant les registres de l'état civil remonteraient, dit-on, jusqu'au tout début de cet arrangement de desserte par truchement de mission en 1739.

Mais l'érection civile proprement dite de cette localité ne s'est effectuée qu'en juillet 1835. Ce qui encore une fois démontre bien que même nos législateurs anciens étaient fort prudents avant d'accorder un diplôme de permanence à une invention plutôt récente. En outre, comme on le sait déjà, le territoire de cet endroit provenait d'une partie de la vieille seigneurie de Chambly.

Il est également intéressant de noter qu'à l'origine cette paroisse portait le nom de Pointe-à-Olivier ou Pointe-aux-Oliviers et même celui de « Saint-Olivier ». Or ce dernier ne semble pas être mentionné dans la table alphabétique des saints telle qu'établie par le rituel; ce nom aurait, dit-on, été donné à l'emplacement en l'honneur de Jean-Olivier Briand, septième évêque de Québec et le premier à porter le titre sous la domination anglaise, qui se trouvait en fonction lorsque fut construite la première église en 1777. De toute façon, cette petite équivoque a été résolue vers 1809 quand les habitants du lieu adressèrent une requête formelle à l'évêque Plessis, alors douzième en titre à Québec, pour déclarer conjointement leur peu de dévotion à l'endroit de saint Olivier et réclamer qu'il leur soit sans retard accordé un autre saint patron. L'évêque Plessis, bon prince, comprit très vite le problème et sans tarder il annonça qu'il donnait suite à la requête de ces bonnes âmes en peine et qu'il confiait dorénavant cette belle paroisse aux bons soins de l'apôtre saint Mathias. Le changement fut vite opéré et l'emplacement porte ce nom depuis ce jour. Dans le temps, cet arrangement a paru plaire à tout le monde, d'autant plus que cette transition prenait alors un caractère fort symbolique. Saint Mathias n'avait pas été l'un des douze apôtres du début, il n'avait été admis dans le groupe que plus tard lorsqu'un des douze disciples fut relevé de ses fonctions comme tout le monde le sait. Le document officiel qui raconte cette nomination un peu extraordinaire ajoute qu'il y avait alors deux candidats qui se présentèrent pour remplir cette auguste charge, soit Joseph qui s'appelait Barsabas et qu'on surnommait le Juste et Mathias dont la vie nous est inconnue. Mais le document officiel explique que des sorts furent distribués aux participants de cette scène mémorable et que «le sort tomba sur Mathias et il fut aussitôt associé aux onze apôtres». Plus tard, il justifia pleinement la confiance extraordinaire qui avait été placée en lui puisque, après avoir évangélisé la Judée, il accepta courageusement d'être mis à mort par les siens, aux environs de Jérusalem, vers l'an 61 ou 64.

Voilà pour l'origine fort intéressante du nom de cette paroisse rurale.

Avant d'arriver à la bâtisse de l'église locale, on ne peut pas s'empêcher de s'arrêter un moment devant l'enclos en pierres des champs qui s'accroche au temple et entoure le vieux cimetière de l'endroit. D'ailleurs, les pierres de cette curieuse et haute muraille sont visiblement de la même origine que celles qui ont servi à la construction de l'édifice principal de tout ce déploiement architectural à caractère fortement religieux. De plus, cet enclos du cimetière local est solidement fermé par une énorme grille en vieux fer forgé et la porte monumentale de cet arrangement est elle-même attachée par une chaîne et un gros cadenas qui interdisent visiblement tout accès non préalablement autorisé par ceux qui possèdent ce pouvoir. Ainsi, et pour une fois, on est sûr que les morts qui y résident peuvent reposer en paix comme l'indique l'inscription R.I.P. sur chaque monument funéraire qu'on ne voit qu'à distance.

Le parvis ou perron de l'église paroissiale semble s'avancer sérieusement vers la partie carrossable de la route qui traverse le village. Il ne faut pas être distrait quand on arrive à cet endroit en automobile car on risquerait de buter violemment sur cette tablette en pierre, peu visible à distance. Il ne semble pas qu'on puisse traverser Saint-Mathias sans que notre attention ne soit aussitôt attirée par l'édifice du temple de cette paroisse qui a un grand air et un âge assez respectable, ayant été érigé il y a environ 200 ans. Cet édifice a même acquis avec le temps la réputation d'être l'une des églises les plus remarquables de notre province. Notre Commission des monuments historiques a cru bon d'y faire apposer une grande plaque de bronze qui donne aux passants certains détails intéressants au sujet de cette construction nettement typique du passé de chez nous.

Plus encore que son apparence extérieure, ce qui dans cette construction doit attirer notre curiosité c'est tout l'intérieur même de ce temple remarquable.

En effet, c'est là que le célèbre Louis-Amable Quevillon s'est résolument mis à son travail de sculpteur émérite avec le concours de quelques disciples qui voulaient eux aussi apprendre les rudiments de ce beau métier et que, tous ensemble, ils ont entrepris de décorer d'une façon fort originale tout l'intérieur de cette petite église. Dès qu'on pénètre dans ce vieil édifice, on est immédiatement frappé par les fins décors qui ornent les jubés, les murs, le sanctuaire et surtout la chaire monumentale qui a sans doute dû requérir une énorme somme de travail, d'adresse et de patience de la part d'artisans désireux de donner le meilleur d'eux-mêmes.

Louis-Amable Quevillon était né au Sault-au-Récollet en octobre 1749 et, très tôt, il avait pris le goût du bois bien travaillé. D'ailleurs, il avait eu la chance de naître dans l'atelier de menuiserie que possédait alors son père, Jean-Baptiste. Et ainsi, dès qu'il a été capable de le faire, il a pu, avec ses deux frères, entreprendre de fabriquer diverses pièces originales telles que des rames, des avirons, des chaises ou fauteuils pour calèches et d'autres articles du genre. Puis avec le temps et d'une chose à l'autre, il est devenu maître-menuisier, maître-architecte et finalement maître-sculpteur. Étant devenu son propre maître, il a bientôt entrepris des travaux de décoration intérieure pour l'embellissement des églises par le moyen de la sculpture sur bois. Au temple de Saint-Mathias, il profita de l'occasion pour devenir une sorte de professeur et pour former un grand nombre d'élèves intéressés eux aussi à ce genre d'occupation.

La même expérience s'est reproduite à Boucher-ville, à Notre-Dame de Montréal, à Notre-Dame-de-Bonsecours et à beaucoup d'autres endroits d'un bout à l'autre du pays. Ainsi, en travaillant suivant la vieille tradition avec ses apprentis, puis ses compagnons et ensuite, un jour, avec ses disciples, devenus à leur tour des maîtres et des associés, Quevillon a pu entreprendre et mener à bon terme d'énormes travaux de décoration qui sont devenus notre patrimoine commun.

Pour enseigner son art à ses élèves, le maître avait conçu la formule originale de faire sortir les apprentis des granges où l'on avait jusque-là pratiqué ce type d'artisanat parce que, disait-on alors, ce genre d'occupation pouvait entraîner beaucoup de saleté en cours de route. Mais, à l'inverse des vieilles habitudes, Quevillon décida pour sa part d'amener carrément ses étudiants sur les lieux mêmes où du travail était à faire. On pouvait ensuite passer le balai ou un linge humide pour nettoyer la place une fois l'ouvrage terminé. L'idée était à la fois simple et géniale et c'est exactement ce qui s'est produit lors de la décoration intérieure de l'église de Saint-Mathias. Cette fois, le maître travailla surtout avec René Beauvais, dit St. James, et Paul Rollin; puis l'entreprise fut ensuite complétée par François Dugal, de Terre-bonne, et Antoine Barrette, des Tanneries des Bélair, de Montréal.

À Boucherville, il avait surtout travaillé avec Joseph Pepin qui est vite devenu à son tour un maître reconnu et fort recherché pour les ouvrages de ce genre. À Notre-Dame, c'est Labrosse qui laissa sa marque et, à Bonsecours, ce furent Bibaud et Huguet-Latour qui en ont fait autant et ensuite Pepin et Rollin en pratiquant un art raffiné qui a fini par être connu comme du «quevillonnage». Ce qui devenait par le fait même une manifestation publique de sympathie chaleureuse à l'adresse du maître.

Par la suite, l'extraordinaire Quevillon qui était demeuré célibataire est mort paisiblement à Saint-Vincent-de-Paul, près de Montréal, en mars 1823, alors qu'il avait près de soixante-quatorze années, après une vie bien remplie. Ses œuvres ont, depuis lors, fait l'orgueil de ses compatriotes.

En plus des élèves déjà mentionnés, Quevillon a aussi dirigé ou inspiré Vincent Chartrand, aussi de Saint-Vincent-de-Paul, Amable Gauthier, de Saint-Grégoire, François-Thomas Baillargé, de Québec, Louis-Thomas Berlinguet, de Montréal, Alexis Millette, de Yamachiche, François Bouthellier, de Saint-Constant, Amable Charron, de Saint-Jean-de-Port-Joli, François Leclair, de Saint-Eustache, Pierre-Salomon Benoit dit Marquette, de Belœil, Louis Ménéclier, de Saint-Michel de Vaudreuil, François-Xavier Robert, de Verchères, Antoine Rochon, de Sainte-Thérèse-de-Blainville, Pierre Viau, de Lachenaye, et environ une trentaine d'autres dont on a pu retracer les noms. Tous, et à tour de rôle, ont continué avec talent et beaucoup d'énergie l'œuvre de leur maître qui avait fait renaître le goût de la sculpture et de l'architecture chez nous.

Pour donner ici une meilleure idée des conditions de vie quotidienne imposées aux membres de cette curieuse école, véritablement itinérante, on pourrait rappeler succinctement les termes du contrat passé solennellement devant notaire à l'occasion de l'engagement de François Pepin, devenu par la suite l'un des disciples préférés du maître.

Ainsi, il est d'abord déclaré que ce dernier s'engage à enseigner l'art de sculpteur et qu'il n'emploiera l'élève qu'à des ouvrages proportionnés à ses forces, qu'il le traitera doucement et humainement et qu'il promettait en outre de le loger, chauffer, nourrir, coucher, blanchir et raccommoder ses vêtements, excepté « le linge fin ».

Par ailleurs, et pour sa part, ledit François Pepin, apprenti, promettait de faire de son mieux dans le service et d'obéir fidèlement à son maître en tout ce qu'il lui commanderait de licite et d'honnête concernant ledit métier pour en faire son profit, et éviter tout dommage, et généralement faire tout ce qu'un bon apprenti doit et est obligé de faire, sans pouvoir s'absenter ni quitter ledit service sous les peines portées par les ordonnances ; et le père, Antoine Pepin, promettait en outre, dans le cas de désertion de son fils, de le chercher ou faire chercher et de le ramener chez son dit maître pour parachever son temps d'apprentissage et ledit apprenti serait tenu de rendre jour pour jour le temps qu'il aurait perdu soit par maladie ou autrement.

En outre, cet engagement était ainsi fait à la charge par ledit Antoine Pepin de payer pour son fils chaque année pendant « le temps de sept années » la somme de cent livres ou chelins de coppres, payable ladite somme au bout de chaque année.

Pour l'exécution des présentes, les parties en cause élisaient domicile aux lieux susmentionnés et l'acte était fait et passé à Saint-Vincent-de-Paul, l'an 1805, le quatorzième jour d'octobre, dans l'avant-midi. Les parties en cause Joseph Pepin, Antoine Pepin, François Pepin signèrent alors en présence des notaires Thos Barron et J.-B. Constantin, à l'exception dudit Antoine Pepin qui a déclaré ne le savoir faire et a alors fait sa marque ordinaire, lecture faite.

Ce document légal et authentique, qui remonte au tout début du siècle dernier, donne une bonne idée de ce qui pouvait alors se passer quand un jeune homme décidait un jour de devenir un apprenti sous la direction d'un maître reconnu. Tout commentaire additionnel pourrait à présent paraître quelque peu superflu.

* * *

En quittant à présent l'église de Saint-Mathias sur le Richelieu et en continuant de savourer les nombreux souvenirs qui restent attachés à ce beau village situé en bordure de Chambly, on pourrait ajouter comme mot de la fin que, durant la guerre de l'Indépendance des États-Unis, l'endroit fut pour un moment occupé par une colonne de troupes de ce pays, commandée par un officier nommé Ethen Allen, dont le personnel était alors connu sous le nom de « Green Mountain Boys ».

Tout ce gentil monde était en route pour aller surprendre et si possible capturer la ville de Mont-réal. Malheureusement pour le pauvre colonel Allen à la tête d'environ 150 hommes du camp de la Pointe-aux-Oliviers, tous ces envahisseurs se trouvèrent bloqués quand les Montréalais sortirent des murs de la ville au nombre de 300, tous Canadiens. Les rapporteurs de cet accrochage militaire avec nos voisins du Sud ajoutent qu'Allen a dû rebrousser chemin et abandonner son projet de conquête qui devenait plus compliqué qu'il ne l'avait prévu.

Pourtant, l'histoire n'avait pas été si simple puisque le gouverneur général Guy Carleton se tenait prêt à s'embarquer avec ses officiers sur des navires et à prendre le large si par hasard les Montréalais étaient battus. Mais la chose n'arriva pas et les affaires traînèrent alors quelque peu en longueur. Il y a même eu un moment où tout le monde a paru mêlé au point de friser le ridicule. Ainsi des Canadiens devinrent sympathiques envers les Américains allant jusqu'à leur prêter des canots pour permettre aux Bostonnais de traverser le fleuve. Et ensuite, pendant que Carleton faisait de la parade, les Américains venaient à Longueuil en jouant du fifre et du tambour et en tirant même des coups de fusil espérant, sans doute, provoquer ainsi une sérieuse confrontation qui tardait un peu trop à se produire.

Puis le fort de Chambly est tombé et ensuite le fort de Saint-Jean fut capturé par le général Montgomery qui bientôt allait mourir à Québec dans cette triste aventure. Tous les soldats du fort furent alors faits prisonniers et expédiés en exil vers la Nouvelle-Angleterre. La partie moins drôle de cette désastreuse équipée fut que ces prisonniers comprenaient le colonel M. de Belestre, le major M. de Longueuil, les capitaines de Boucherville, de la Valtrie, de Saint-Ours, de Rouville, d'Eschambault, de Lotbinière, et une foule d'autres officiers de moindre rang.

Encore une fois, c'était bien l'application de la loi du vainqueur même temporaire et de son « vae victis », malheur aux vaincus !

Mais tout ceci, quoique indirectement relié à certains souvenirs rattachés au passé de Saint-Mathias, pourrait nous faire oublier l'aventure plus réconfortante de Quevillon et de ses nombreux disciples.

Il semble donc normal que l'on reprenne à présent la route afin de continuer notre promenade le long du Richelieu.

4. Saint-Hilaire

Ainsi, pour n'être sans doute pas en reste avec ses voisins Chambly, Richelieu et Saint-Mathias, il a bien fallu qu'à son tour le village de Saint-Hilaire se trouve des raisons d'obtenir, lui aussi, une certaine renommée aux yeux de notre peuple. Ce qui d'ailleurs a fini par se produire et même sur une assez grande échelle.

Mais avant d'en arriver là, et de passer aux détails, il pourrait une fois encore devenir intéressant de rechercher pourquoi ce paisible emplacement rural a pris le nom qu'on lui connaît aujourd'hui.

Or il appert que ce nom aurait autrefois été donné à ce village par Jean-François Hubert, neuvième évêque en titre de Québec, et le troisième après la conquête, qui occupa cette auguste charge de 1788 à 1797. La raison de cet octroi bien particulier provenait du fait, a-t-on dit, qu'en cours de route le saint homme avait développé dans son âme une grande dévotion personnelle à l'endroit de Saint-Hilaire de Poitiers. Ce dernier s'était révélé un personnage plutôt remarquable quand, vers l'année 340 de notre ère, il avait abandonné le paganisme pour devenir chrétien et avait aussitôt été élu évêque, peu après son baptême. Mais bientôt il était entré en conflit avec Saturnin, évêque d'Arles et chef des ariens en Gaule, et ce dernier aurait alors, en 356, obtenu de l'empereur Constance qu'Hilaire soit sommairement exilé en Phrygie. Ce qui arriva. Hilaire n'est par la suite revenu en Gaule qu'en 360. Il avait bien envoyé, mais sans obtenir trop de succès, des requêtes à Constance contre l'arianisme qui gagnait du terrain malgré qu'on ait reconnu à Hilaire un bon talent pour la dialectique et une grande habileté dans l'emploi d'un style noble.

Il faut ajouter toutefois que plusieurs autres augustes personnages du lointain passé ont aussi porté le nom de Hilaire, comme par exemple Hilaire le diacre de Rome qui lui aussi attaqua l'arianisme devant l'empereur Constance au concile arien de Milan et fut aussitôt battu de verges pour son effort qui resta vain. La prédication comportait alors de sérieux risques.

Il y eut encore saint Hilaire, évêque d'Arles, un homme reconnu pour sa grande générosité, car il aurait un jour vendu les vases sacrés pour aider les pauvres. On fête sa mémoire le 5 mai et il vécut de 403 à 449. Également saint Hilaire de Sardaigne qui avait été le diacre de saint Léon le Grand et qui, à son tour, est devenu pape de 461 à 468, sous le nom d'Ilaro.

Ce fut uniquement sur saint Hilaire de Poitiers que Jean-François Hubert, notre neuvième évêque de Québec, jeta son dévolu et ainsi notre paisible village de Saint-Hilaire-sur-Richelieu a reçu son nom au début de la domination anglaise. L'endroit n'a été desservi que par voie de mission de 1799 à 1831. Son territoire a été pris à même une partie de la seigneurie de Rouville, concédée en janvier 1694 au sieur Jean-Baptiste Hertel de Rouville pour services rendus.

Comme quoi les choses du passé peuvent généralement finir par mieux faire comprendre les situations que l'on rencontre à présent. Ou du moins, on en sait davantage.

* * *

Mais pour revenir aux raisons plus rapprochées qui ont, avec le temps, apporté la renommée à ce paisible emplacement rural, on peut dire que c'est de cet endroit que sont un jour partis trois hommes qui sont devenus par la suite des artistes reconnus et qui à tour de rôle furent appelés Joseph Pepin, Paul-Émile Borduas et Osias Leduc.

Joseph Pepin, comme on le sait déjà, avait d'abord été un élève de Louis-Amable Quevillon et il était même devenu son apprenti, puis son compagnon, suivant les formes reconnues à l'époque car, en ce temps-là, on savait faire les choses en grand. Par la suite, Pepin a naturellement entrepris des travaux de sculpture plutôt remarquables, comme par exemple l'embellissement de la chaire de prédication de l'église de Saint-Hilaire, un rare spectacle qui à lui seul vaut bien une visite à cet édifice religieux.

Comme occupation de rechange, au cours du conflit que nous avons connu avec les forces armées des États-Unis dans les années 1812 et suivantes, Pepin alla un jour offrir ses services à nos propres effectifs militaires du Canada. Ainsi avec le temps, il est devenu capitaine du premier bataillon de l'île Jésus, un poste qu'il occupa activement de 1812 à 1815; il a même atteint le grade de major. L'homme faisait donc preuve, à tout le moins, d'une indéniable versatilité.

Il était alors en compagnie d'un autre élève de Quevillon, appelé St. James, dont on a déjà parlé et qui, pour sa part, a obtenu le rang de lieutenant dans la même unité militaire de notre pays.

Quant à *Paul-Émile Borduas*, né à Saint-Hilaire, en novembre 1905, il a également laissé sa marque comme l'un de nos rares artistes-peintres de renommée internationale. Après avoir étudié le dessin, la peinture et l'histoire de l'art, il participa lui aussi à la décoration de nombreuses églises et d'autres édifices à caractère para-religieux, chez nous et à l'étranger. Ensuite, il enseigna un peu à droite et à gauche et surtout il voyagea beaucoup aux États-Unis et en Europe. Il refusa de participer à l'Exposition internationale de surréalisme à Paris, devint contestataire et finit par prendre la tête d'une école nouvelle ou d'un mouvement qui s'appellera les «automatistes», qui a fait scandale et lui a attiré des ennuis avec ses postes d'enseignant. Il finit par se séparer de sa famille et s'en alla vivre à l'étranger.

Finalement, bien qu'il ait déclaré sa nostalgie pour le Canada et ajouté que pour lui «la vie devenait dure», il est mort à l'étranger en 1960. C'est alors qu'il a reçu des prix et des marques d'appréciation à titre posthume, comme il fallait s'y attendre.

Le volcan endormi qu'est Saint-Hilaire fut encore le lieu de naissance d'un autre fils, appelé *Ozias Leduc*, qui lui aussi a connu la renommée mondiale dans le domaine des productions artistiques. D'ailleurs, il a déjà lui-même déclaré que « l'art, c'est le son d'une âme » ce qui peut donner une idée du caractère de cet homme un peu spécial.

Né à Saint-Hilaire, en octobre 1864, d'un père menuisier, il connut d'abord le bois, tout comme Quevillon, mais très tôt il étudia la peinture et, par la suite, il entreprit d'orner des églises, comme c'était alors un peu la mode, en commençant naturellement dans son propre village. Et d'une chose à l'autre, il ne s'arrêta plus, tant et si bien que certaines de ses œuvres ont mérité de se rendre jusqu'à notre Galerie nationale. Ce qui assurera sans doute à ses travaux une chance de survie dans des conditions plus favorables.

Mais, en plus de son talent, l'homme ne manquait certes pas d'esprit puisque, a-t-on dit, pour dépeindre des personnages d'origine biblique qui ont figuré dans ses toiles, Leduc ne se gênait aucunement pour emprunter les traits de ses voisins et de ses amis, ce qui faisait bien sourire les gens lorsqu'ils découvraient la petite espièglerie.

Il a dû être admiré de ses concitoyens puisque, après sa mort, ces derniers ont apposé une grande plaque rigide à la façade de leur temple paroissial pour lui rendre un hommage manifeste et permanent. Ce qui est tout de même un geste public assez peu fréquent chez les nôtres.

Cet édifice en pierres des champs aurait été érigé à l'automne de l'année 1837, pour remplacer une ancienne chapelle temporaire, ce qui donne ainsi à tout cet ensemble architectural un âge assez respectable.

* * *

Si, à présent, nous continuons de nous promener sans hâte à l'intérieur de Saint-Hilaire, nous pourrions peut-être, nous aussi, découvrir ce qui, selon la légende, fut par la suite appelé « la grotte des fées ».

En effet, dans le flanc nord du mont Saint-Hilaire, il y aurait eu autrefois, dit-on, en plein roc une crevasse assez substantielle et suffisamment intéressante pour que, au siècle dernier, elle soit un jour explorée par des gens y compris un député de notre parlement central qui passait par là et qui avait quelque loisir.

L'entreprise avait sans doute été motivée par un but de publicité personnelle de la part de l'honorable représentant du peuple et elle aurait dû demeurer sans lendemain. Mais elle aurait aussitôt donné une idée à M. Campbell, un gros bonnet de l'endroit. Ce monsieur important et assez original, et qui avait des sous, décida qu'il pourrait faire un beau geste à l'adresse de la postérité s'il entreprenait lui-même l'ascension des pentes de la montagne voisine pour se rendre à son tour jusqu'à cette curieuse grotte afin d'y déposer, pour l'édification des générations futures, une urne remplie de pièces de monnaie ayant cours à son époque.

Le dessein était méritoire et fort louable et aurait dû obtenir le succès que le brave homme avait espéré au départ.

Malheureusement, le pauvre M. Campbell serein, sans défiance et plein de bonne volonté, parla un peu trop ouvertement de son projet et du magnifique but qu'il voulait atteindre.

Alors, et sans retard, d'autres alpinistes amateurs du voisinage ont voulu à leur tour vérifier que tout s'était bien passé comme le disait la rumeur publique. Ces grimpeurs d'occasion en découvrant effectivement le trésor inespéré, n'auraient pas pu résister à la forte tentation de le récupérer séance tenante, la postérité étant un phénomène aléatoire et lointain qui n'apprécierait peut-être pas à son juste mérite une telle libéralité. Et comme le dit ouvertement le proverbe, « un tiens vaut beaucoup mieux que deux tu l'auras ».

Des vérifications bénévoles subséquentes ont permis d'annoncer sans hésitation qu'il ne semblait plus y avoir de traces de ce dépôt gratuit et magnifique, placé là à l'intention des générations futures. Et depuis lors, l'endroit a été assez correctement désigné sous le nom de « la grotte des fées ».

À la vérité, des fées avaient dû passer par là et faire maison nette comme c'est leur habitude.

* * *

Saint-Hilaire a encore été le site d'autres curieuses aventures qui, vers le milieu du siècle dernier, ont beaucoup fait jaser les gens de notre pays.

Ainsi, par exemple, en octobre 1841, il y eut l'érection fort solennelle d'une croix monumentale sur le sommet du mont Saint-Hilaire que les gens ont appelé le Pain de Sucre à cause de sa forme bien particulière. Pour la circonstance, on avait décidé que cette manifestation unique revêtirait un cachet grandiose.

Il s'agissait en effet d'élever à cet endroit précis un monument gigantesque, ayant la forme d'une croix de style latin, de plus de 100 pieds de hauteur, de 6 pieds de largeur et de 4 pieds d'épaisseur; les deux bras de la croix juchés à 15 pieds du sommet auraient une envergure de 30 pieds. Les pièces de bois devant servir à cette énorme charpente devaient être solidement reliées ensemble par des lames de fer et le tout serait ensuite recouvert de lisière de fer blanc étamé ce qui, croyait-on, rendrait la croix visible à 45 milles de distance au moins, par tous les temps. Et pour rendre si possible cette magistrale construction encore plus attrayante, on y installerait un long escalier intérieur qui permettrait à tout venant intéressé de grimper jusqu'au sommet. Là, une dizaine de grandes fenêtres donneraient aux braves visiteurs l'occasion d'admirer, d'une hauteur de 1300 pieds au-dessus du niveau du fleuve, le vaste panorama du lointain qui changerait d'aspect à chaque palier et qui ne manquerait pas d'attirer ceux qui sont friands de ce genre de spectacle. Le projet allait ainsi devenir une sorte de prélude à une autre construction en hauteur que les gens de Paris connaîtraient quelque cinquante années plus tard, avec l'érection de la tour de Gustave Eiffel. De plus, la base même du monument serait entourée d'une gentille chapelle de style rustique destinée à des exercices de dévotion occasionnels et appropriés suivant les circonstances futures.

Pour ne prendre aucune chance avec les sautes d'humeur de notre climat souvent imprévisible et capricieux, cette croix colossale devait être maintenue en place par une bonne douzaine d'énormes chaînes qui, partant du haut des deux bras et du centre du monument, seraient ensuite solidement accrochées dans le roc vif de la montagne.

Quand tout ce beau travail à caractère architectural serait prêt, il devait être inauguré et béni par celui qui avait suggéré un pareil déploiement, l'illustrissime et révérendissime Joseph de Forbin-Janson, alors éminent évêque de Nancy, en France. Ce prélat réputé, un peu en difficulté avec le gouvernement de son pays, était parmi nous depuis plus d'un an et il prêchait partout la bonne nouvelle avec beaucoup de vigueur. Il avait visité Québec, Montréal, Terrebonne, Oka, Sainte-Scolastique, Saint-Laurent, Trois-Rivières, New York, Philadelphie, Baltimore, Albany et Troy (N.Y.), Buffalo, Detroit, Dubuque, Cincinnati, et cetera. Puis, de retour parmi les nôtres qui devaient l'attendre avec impatience, il s'installa à Montréal et alla ensuite porter la bonne parole à l'Acadie, à Chambly, à Sorel, à Maskinongé, à Berthier, à Rigaud, à Vaudreuil, à Saint-André, à Saint-Damase, à Saint-Jean, à Saint-Ours, à Pictou, à Burlington et jusqu'à Bytown avant que ce dernier endroit ne devienne Ottawa.

Après une aussi magistrale randonnée, le saint homme devait avoir beaucoup d'amis ou du moins de nombreuses connaissances et ses vœux, même discrètement exprimés, ne devaient pas passer inaperçus, comme celui de l'érection et de la bénédiction fort solennelle de la croix monumentale du mont Saint-Hilaire. Il ne restait personne au pays qui n'avait pas été mis au courant d'un événement aussi exceptionnel. Notre bon peuple, toujours docile, était littéralement comblé. Et, comme il s'est alors fait beaucoup de propagande et de commentaires louangeurs au sujet de cette grandiose manifestation de foi extériorisée, on ne doit pas être aujourd'hui étonné de lire dans les chroniques du temps que l'affaire est vite devenue une sorte d'énorme pèlerinage alpin qui attira, dit-on, entre vingt et vingt-cinq mille visiteurs.

L'évêque Forbin-Janson fut naturellement appelé à présider cette grande dédicace publique puisque, d'après les chroniques de l'époque, il aurait été lui-même « le premier à donner au clergé et au peuple canadien l'idée d'ériger un tel monument religieux symbole de reconnaissance sur le mont Saint-Hilaire, la plus haute montagne de cette partie du Bas-Canada... », qui en 1867, deviendrait le Québec.

Après un sermon très vibrant prononcé aux abords du lac du voisinage par l'évêque français itinérant, installé pour l'occasion sur un radeau de fortune qui lui servait de chaire improvisée et entouré de trois autres prélats, les évêques de Montréal, de Kingston et de Sydime, qui lui servaient d'assistants sur la précaire embarcation, le signal du grand départ fut donné. Pour rendre encore la cérémonie plus saisissante pour nos petites gens, on avait érigé le long du parcours qu'il fallait naturellement effectuer à pied jusqu'au sommet de la montagne, un véritable Chemin de la Croix comprenant, de place en place, les quatorze stations d'arrêt réglementaires et traditionnelles pour y accomplir les dévotions d'usage et aussi, bien sûr, pour fournir à tout ce monde peu habitué aux exercices d'alpinisme, l'occasion de reprendre un peu le souffle dans une région montagneuse où l'atmosphère devait avoir naturellement tendance à se raréfier en entraînant les conséquences que l'on devine. Cette précaution était certes des plus sages dans les circonstances.

En cours de route et au chant d'innombrables cantiques, on procéda au rituel de la bénédiction solennelle de chacune des 14 stations d'arrêt du Chemin de la Croix alpin et plutôt inusité. Ensuite, on en fit naturellement autant lorsque la foule énorme, en procession compacte et interminable, a fini par arriver au site même de la chapelle rustique et de la croix gigantesque érigées sur le faîte de la montagne, où les cérémonies furent littéralement uniques et grandioses.

Pourtant, malgré le long effort physique fourni par tous les participants pour accomplir cet exploit peu commun, il semble qu'aucun incident fâcheux ne se soit produit durant l'ascension des pentes raides, ni pendant la descente subséquente pour le retour au niveau de la rase campagne. Du moins, les chroniqueurs de l'époque n'ont pas insisté sur cet aspect de la manifestation et n'ont fourni aucun détail connu à ce sujet.

L'éminent évêque Forbin-Janson, de Nancy, avait donc eu sa croix et tout notre peuple en liesse lui en fut bien reconnaissant. Le contraire aurait été impensable!

À l'époque de l'érection de ce monument unique sur le mont Saint-Hilaire, on avait annoncé assez ouvertement que, vu la solidité de cette énorme construction et le renfort fourni par les douze grosses chaînes, la croix, une fois en place, saurait facilement survivre et demeurer intacte durant plus d'un siècle.

Mais par malheur, l'évêque Janson n'était plus là. Il avait pu un jour regagner son diocèse européen pour continuer ses prédications et surtout pour fonder l'*Oeuvre de la Sainte-Enfance* et le *Rachat des Petits Chinois*, deux autres entreprises qui nous ont bien marqués et qui ont eu beaucoup de vogue pendant un long moment chez les nôtres, toujours prêts à souscrire avec une indéniable générosité à toutes les bonnes œuvres, sans distinction.

La croix était maintenant seule. Un soir d'octobre de l'année 1846, «il s'éleva un vent impétueux» comme l'ont dit les rapports officiels. Les chaînes se rompirent et la grande croix que l'on croyait indestructible s'écroula dans un grand fracas. Et pour comble d'infortune, la gentille chapelle adjacente devint peu après la proie des flammes et fut complètement détruite. Il ne reste plus que quelques maigres vestiges de tout cet ancien déploiement. L'endroit a perdu son attrait et est redevenu désert comme auparavant.

Sic transit gloria mundi.

La gloire en ce monde est fragile et passe vite.

* * *

Outre la formidable aventure de la Croix du mont Saint-Hilaire qui a frappé l'imagination de toute une génération et a longtemps fait parler les gens, il s'est produit d'autres événements notoires dans cette région qui ont aussi laissé des souvenirs tenaces et ont contribué à tisser la trame de notre petite histoire populaire.

Ainsi, on pourrait rappeler qu'à Saint-Hilaire, l'abbé *Charles Chiniquy*, devenu le révérend pasteur, alors qu'il était plus ou moins en bons termes avec les autorités religieuses de son temps, s'est permis quelques-unes de ses premières esclandres de prédication itinérante en faveur de la tempérance, qui allaient le rendre célèbre dans toute l'Amérique du Nord, mais aussi l'obliger à fuir bientôt aux États-Unis.

Pour le bénéfice de ceux qui n'auraient que peu de renseignements sur ce personnage exceptionnel du siècle dernier, il serait peut-être utile d'examiner brièvement quelques étapes biographiques de cet homme assez remarquable.

Né en 1809 à Kamouraska, il fut très tôt orphelin. Un oncle lui fit donner des leçons de latin au presbytère, puis l'envoya au séminaire de Nicolet où bientôt le jeune étudiant fut laissé à ses propres ressources. Voyant cela, les directeurs du séminaire le prirent en charge puis avec le temps lui donnèrent la soutane et le firent entrer dans les ordres. Le jeune homme est alors devenu vicaire, ensuite curé mais, dit-on, sa conduite personnelle devint discutable et il lui fallut quitter son diocèse. Il entra au noviciat des oblats à Longueuil mais n'y resta pas et presque aussitôt, à la surprise générale, il entreprit une croisade de prédication retentissante et tumultueuse en faveur d'une tempérance intégrale pour tout le monde. Cette embardée connut un grand succès et bientôt sa renommée fut établie. Il est alors devenu un manipulateur des foules, séduisant et touchant les masses jusqu'aux larmes. Les Canadiens devaient certes avoir besoin d'un tel thaumaturge.

Mais ses mœurs personnelles, a-t-on dit, continuaient d'être discutables et un jour l'évêque Bourget, de Montréal, l'a interdit et lui a enlevé ses pouvoirs d'ecclésiastique. Chiniquy s'exila alors à Chicago où son magnétisme a vite séduit des milliers de familles. Il devint soudain une sorte d'idole et encore une fois cela lui attira les soupçons puis les foudres de l'évêque du lieu. Il fut interdit et suspendu de ses fonctions une seconde fois et, de guerre lasse, le jeune abbé défroqua et embrassa la foi protestante, devint un ministre du culte, se maria et se mit à écrire. Il laissa pas moins de neuf ouvrages retentissants qui furent traduits en plusieurs langues et connurent de nombreuses éditions.

Peu avant sa dispute avec l'évêque de Montréal et son exil à Chicago, Chiniquy avait cru bon d'aller faire une tournée de prédication parmi la

66

population de Saint-Hilaire qui, sous la gouverne de ses dirigeants, en fut nettement troublée. On lui opposa même une résistance organisée et, sous l'inspiration de gens bien intentionnés, les choses en arrivèrent au point où il faillit être assassiné sur place, alors qu'il était en pleine activité pastorale. Il ne fut sauvé que grâce à l'intervention de sympathisants dévoués qui réussirent à le dégager des griffes de ses ennemis anonymes. On l'aida à s'échapper et il fut reconduit en lieu sûr à travers champs par une solide escorte qui voulait le protéger contre toute nouvelle attaque.

Cela prouve qu'une prédication enflammée pour défendre une cause aussi louable qu'une tempérance totale pour les nôtres peut comporter des risques, mener à la révolte, et même soulever de sérieuses menaces à l'égard de personnages cléricaux qui osent prendre une pareille initiative. Voilà des événements qui ne manquent pas de laisser perplexe à un siècle de distance. O tempora! o mores! O temps! ô mœurs!

* * *

Toujours à propos des incidents remarquables qui sont autrefois survenus à Saint-Hilaire, on pourrait encore rappeler qu'un jour, une confrontation superficielle mais bruyante éclata entre le curé de l'endroit du nom de *Jos Magloire Quemneur Laflamme* et le maire qui était aussi président de la Commission scolaire et de la Société de navigation du Richelieu, et marchand général; c'était le citoyen le plus influent de la région et comme par hasard il se nommait Guillaume Cheval. Un rapprochement assez inattendu et sans doute symbolique qui peut aujourd'hui nous faire mieux comprendre l'origine de ce conflit de régie interne survenu entre ces deux hommes également têtus.

Le révérend Jos Magloire Quemneur Laflamme et l'influent Guillaume Cheval se sont donc trouvés en état de guerre ouverte à propos d'un sujet plutôt secondaire. Il s'agissait en effet d'une simple histoire de cloche d'église et du clocher délabré qui l'abritait.

Toute l'affaire, plutôt invraisemblable à présent, commença lorsqu'un jour le curé déclara publiquement et de façon péremptoire que le clocher de l'église n'était plus en bon état et qu'il fallait immédiatement le remplacer ou, à tout le moins, procéder à une très sérieuse réparation.

Aussitôt, les marguilliers du lieu tinrent une assemblée d'urgence et nommèrent des experts charpentiers qui devaient sans retard examiner les lieux et présenter un rapport. Ce projet allait naturellement entraîner une dépense, mais cette somme serait par la suite récupérée par le jeu d'une répartition légale qui toucherait tous les paroissiens ainsi appelés à fournir leur quote-part.

Naturellement, si on commençait à jouer avec le clocher, il allait vite devenir inévitable qu'il faudrait en même temps refaire la toiture et sans doute aussi les murs et les fenêtres de l'édifice jugé un peu vieillot. Puis, d'une chose à l'autre, on devrait bien sûr en profiter pour en faire autant avec la sacristie et également avec le presbytère où logeait le curé. Ainsi, tout l'emplacement serait remis à neuf.

C'est alors que Guillaume Cheval entra en scène. Étant un homme d'action et en moyens, il prit soudain sur lui-même d'aller commander à Troy, aux États-Unis, la fabrication d'une autre cloche de 1042 livres, au prix de $477.64, soit 48 centins la livre. Peu après, cette cloche imprévue arriva tout bonnement à Saint-Hilaire sans que personne n'ait été avisé. Comme il fallait s'y attendre, la nouvelle de cet arrivage inopiné se répandit aussitôt dans toute la région comme une traînée de poudre. À la campagne, au siècle dernier, il survenait si peu d'incidents qu'un événement de ce genre devenait tout de suite le sujet de toutes les conversations à des milles à la ronde.

Pour sa part, Guillaume Cheval, maire et président de nombreux organismes locaux, avait décidé tout seul d'appliquer ici le principe d'une «parfaite égalité pour tous les citoyens de la région». En conséquence, il ne devait y avoir qu'une belle cloche paroissiale qui servirait uniformément à tous «qu'ils fussent riches ou pauvres» et en toutes circonstances, solennelles ou non. Ce qui semblait très bien.

Mais il fallait aussitôt songer à l'emploi de la pauvre vieille cloche à laquelle on avait fini par s'habituer. De toute évidence, M. Cheval ne se préoccupait pas de ce qu'on pourrait bien en faire, car il semblait accorder une attention exclusive à la nouvelle cloche plus impressionnante qui venait de naître d'une inspiration solitaire et personnelle.

Naturellement, le curé n'ayant pas été consulté, décida pour sa part d'annoncer sa préférence pour la vieille cloche innocente qui avait fait l'affaire jusque-là. Tout de suite, l'incident inattendu prit la tournure d'une « impasse publique plutôt disgracieuse » entre les deux principaux personnages de l'endroit. On voit cela d'ici.

Sans doute pour corser un peu les choses, il arriva qu'une nuit la vieille cloche, devenue involontairement le centre d'une grave querelle, fut subrepticement enlevée et transportée vers un lieu inconnu. Le différend devenait une véritable déclaration de guerre ouverte entre les deux camps opposés. Il était à présent question de faire bénir officiellement la nouvelle cloche de M. Cheval. M. le curé, comme il fallait s'y attendre, refusa tout net. La vieille cloche devait être ramenée là où, sans son autorisation, on l'avait prise.

On ignorait bien sûr l'identité des coupables de cet enlèvement insolite, mais les choses continuèrent néanmoins de s'envenimer au point que des menaces d'excommunication furent formulées publiquement contre les paroissiens « si dans six jours » la vieille cloche n'était pas ramenée à son point de départ.

Or, comme par hasard, quelques jours plus tard, pendant qu'on procédait à l'acte formel d'excommunication, la vieille cloche fit soudain son apparition sur le quai du village en bordure de la rivière Richelieu, situé à une courte distance de l'emplacement du temple paroissial. Des gens coururent aussitôt à l'église pour crier la nouvelle à la foule réunie.

L'éclatement avait été évité de justesse, mais il y avait à présent de la poudre dans l'air. Le curé du lieu dut se démettre de son poste et quitter la place sans gloire, et la vieille cloche, dont on ne savait plus que faire, a fini par être gauchement vendue à une autre paroisse de la région. Puis, les plaies s'étant graduellement fermées, les choses sont plus ou moins bien rentrées dans l'ordre. À tout le moins, la face des belligérants avait été sauvée.

Mais cela avait été une belle histoire de cloche.

* * *

Cependant, le *seigneur de Saint-Hilaire* avait été pour un temps un certain M. Campbell, authentique Écossais, et il était alors normal que son beau château de style tudor fût de temps à autre hanté par un fantôme comme la chose semblait habituelle en certaines régions de la Grande-Bretagne d'autrefois.

Ainsi, une vieille légende raconte que dans le passé un ancêtre du seigneur écossais de Saint-Hilaire aurait été tué par un mécréant qui aurait ensuite trouvé refuge à Inverawe, au château des Campbell, en Écosse. Le défunt serait aussitôt apparu à son parent, propriétaire du château, pour enjoindre ce dernier de chasser sans retard le vilain qui avait commis le meurtre. Mais le châtelain n'aurait pas été trop impressionné par les exigences de son défunt parent et il aurait même tardé à obéir. Le fantôme fut offensé de cette attitude et, changeant de tactique, il aurait menacé le châtelain et aurait alors quitté les lieux en disant sur un ton lugubre: «Bon, très bien, nous nous reverrons à Ticonderoga!»

Par la suite et malgré des recherches intensives auprès des parents et des amis de la région, personne n'avait pu fournir de renseignements au sujet de cet endroit mystérieux que le revenant avait appelé Ticonderoga. Sauf qu'il devait se trouver aux Indes.

Pour un bon moment, l'affaire en serait restée là.

Le seigneur Campbell, d'Écosse, faisait partie de l'armée anglaise; il était membre du fameux régiment des Black Watch. Un jour, au cours de diverses opérations militaires en Amérique du Nord, il se retrouva soudain à la jonction du lac George et du lac Champlain, près d'un endroit appelé Ticonderoga qui, pour la force anglaise, allait devenir le site de la désastreuse bataille de Carillon, car ce fut une victoire française. À peu près la dernière, d'ailleurs, de la vilaine guerre de Sept Ans.

Le fantôme d'Inverawe aurait alors fait une nouvelle apparition pour avertir le major Campbell que l'heure du châtiment approchait. Effectivement, le lendemain, 8 juillet 1758, dans un vain assaut contre les barricades françaises, les effectifs des Black Watch furent littéralement décimés et le major écossais fut grièvement blessé. Il mourut neuf jours après.

Le fantôme avait eu le dernier mot. L'incident devint une légende dont les détails furent plus tard décrits par de fameux écrivains de la vieille Europe.

Les noms d'Inverawe et de Tigonderoga furent par la suite reliés au château des seigneurs écossais de Saint-Hilaire. Il paraît même que le fantôme, arrivé maintenant en Amérique, s'amuserait encore à hanter les lieux des Campbell de temps à autre pour la plus grande joie des occupants et de leurs invités d'occasion qui savent apprécier ce genre de spectacle.

* * *

Enfin, Saint-Hilaire a également connu la belle aventure de posséder un grand hôtel public qui porta le nom original, sinon singulier, d'Iroquois House.

Cette remarquable construction avait été érigée au début des années 1850; elle comprenait trois étages et un grand sous-sol, le tout étant installé à 1430 pieds au-dessus du niveau du fleuve. Malheureusement, l'ensemble passa au feu en 1861. Il fut reconstruit en 1874.

Cet hôtel «fashionable» était placé en bordure du lac; le client pouvait pratiquer à loisir le gentil sport de la pêche, où il pouvait, entre autres, capturer d'énormes perchaudes, ce qui représentait une performance remarquable pour ceux que la chose pouvait intéresser. À cause de son site bien particulier, ce remarquable établissement obtint vite la réputation de faciliter la guérison des visiteurs qui souffraient du rhumatisme ou de l'asthme.

La bâtisse elle-même était très imposante pour l'époque. En effet, elle présentait une façade de 370 pieds de longueur, elle était pourvue d'une vaste salle à manger, et pouvait facilement loger plus de 200 personnes. Ce qui était remarquable.

La publicité, pour attirer la clientèle, recommandait aux gens de Montréal désireux de tenter l'aventure de prendre le bateau pour Longueuil, puis le train qui se rendait à Saint-Hilaire. Une fois parvenus à la petite gare du village, les visiteurs étaient gentiment accueillis par nul autre que le major écossais Thomas Edmund Campbell, seigneur de l'endroit, dont on connaît déjà les histoires de famille et qui, pour l'occasion, était toujours vêtu en gentleman-farmer anglais. C'était très impressionnant.

On faisait tout pour contribuer à rendre populaire et attrayante la visite à l'emplacement du bon major hospitalier.

Malgré tout ce faste et les précautions habituelles, l'hôtel Iroquois prit feu et brûla complètement pour une deuxième fois, en 1895. Comme il fallait s'y attendre, à cause de l'origine écossaise et du curieux passé du propriétaire de l'endroit, la légende s'est vite emparée de cette aventure qui allait mettre un point final à cette remarquable entreprise commerciale en pleine montagne.

Il faut dire qu'une pareille installation d'hôtellerie aux abords d'un village aussi placide ne plaisait guère au curé qui, très tôt, exprima sa conviction qu'il devait s'y produire beaucoup de sérieux accrocs aux douces mais fermes exigences de la morale traditionnelle. Le bon pasteur soucieux de son rôle, ne manquait aucune occasion de manifester son entier désaccord qui tout de suite fit planer un nuage sombre sur cette gentille aventure commerciale. Les gens de la place y ont vite vu un mauvais présage qui faisait dire aux bonnes dames que l'affaire finirait sans doute par touner mal. Et dans le deuxième incendie qui devait fermer pour toujours les portes d'un établissement aussi discutable, on y a reconnu la main des puissances de l'au-delà, car les ferventes invocations des bonnes âmes ne pouvaient indéfiniment demeurer inexaucées.

Mais, à côté de la pieuse légende qui apportait une solution un peu facile à ce problème, il y eut cependant des audacieux qui osèrent suggérer une autre solution plus terre à terre en soutenant tout simplement que l'incendie n'avait été en somme que l'œuvre déréglée d'un mari un peu jaloux qui avait soudain perdu la tête.

En effet, une jolie jeune femme exerçait à l'hôtel la fonction de petite femme de chambre, pour laquelle elle avait sans doute du talent, car elle commençait à être très appréciée par de nombreux clients. Naturellement, de pareilles considérations finissent toujours par se savoir, ne serait-ce que pour simples fins de vantardise ou encore pour rendre service à un ami un peu trop porté à un inutile désœuvrement. Surtout dans un milieu aussi enchanteur que l'Iroquois House.

Plus les services domestiques de la douce jeune femme étaient ouvertement appréciés par une clientèle avertie, plus le mari devenait ostensiblement jaloux. Et, sans qu'on ait trop su pourquoi, les choses en vinrent assez vite à des échanges de ce qu'on appelle d'habitude, mais sans raison, des gros mots.

Ainsi, de fil en aiguille, le mari exaspéré et incapable de convaincre sa légitime épouse sans défiance de quitter un emploi aussi rempli d'embûches pour sa santé morale, décida soudain d'avoir recours à de grands moyens pour récupérer ce qu'il considérait être son bien propre. Alors, en pleine nuit, il aurait mis le feu à cet établissement ennemi, sans trop se préoccuper des sérieux dommages qui pouvaient être causés à beaucoup de monde.

L'hôtel brûla donc à peu près de fond en comble et la jeune épouse, à présent dépourvue de gîte et aux prises avec les froides températures des nuits en pleine montagne, dut accepter, à son corps défendant, de retourner au tranquille foyer conjugal. C'était l'unique fin recherchée par le mari, violemment aux prises avec le vilain péché capital de l'envie.

L'emplacement fut détruit et on vendit ce qu'on avait pu en récupérer. Le mari et la jeune femme libérés purent, dit-on, se sauver assez miraculeusement et échapper ainsi aux embêtements qui auraient pu se produire.

Mais, pour atténuer un peu les risques d'un fâcheux scandale qui aurait pu éclabousser toute la population, le bon curé de la place n'a pu s'empêcher à son prône du dimanche suivant de prononcer une condamnation très solennelle qui flétrissait « l'injustice et l'horreur d'un méfait ». Car, ajoutait-il, « un mari jaloux de l'attention que les pensionnaires de l'hôtel Iroquois House portaient...» et cetera, «...ne doit jamais se faire justice à lui-même au détriment du prochain.»

Ces paroles mettaient un point final à cette curieuse histoire du siècle dernier concernant la disparition du fameux hôtel Iroquois du mont Saint-Hilaire.

5. Saint-Charles

Lorsque, au cours d'une randonnée dans la vallée du Richelieu, après avoir quitté Saint-Hilaire, on arrive au village de Saint-Charles, on se rend compte assez vite que cet endroit manifeste beaucoup moins de remue-ménage que les autres emplacements que l'on a déjà visités. Ce village semble même quelque peu enveloppé dans une ambiance de lassitude qui freinerait toute manifestation populaire d'exubérance un peu trop bruyante. Les gens ne semblent pas avoir envie de rire ou de s'amuser et les passants peu nombreux qui vaquent à leurs affaires se rendent un peu distraitement et sans bruit à leur destination du moment. En somme, c'est vraiment un lieu paisible et reposant de par la force des choses qui pourrait faire l'affaire de beaucoup de monde.

Saint-Charles est peut-être encore obsédé par une vieille tragédie communautaire dont les anciennes cicatrices prennent du temps à se refermer.

Si les versions officielles ou touristiques parlent de sa belle église et décrivent cet endroit comme un village agricole et un site de villégiature, on ne décèle guère, quand on y arrive et qu'on se trouve en plein centre, d'indices pouvant indiquer qu'il s'agit là d'un lieu touristique où le visiteur peut s'ébattre joyeusement dans un cadre champêtre quelle que soit la saison. Il semble plutôt être un havre de quiétude tranquille bien adapté aux désirs des passants qui recherchent la paix.

Pour les gens qui viennent de l'extérieur, l'accès à Saint-Charles est relativement facile. On peut en effet s'y rendre en longeant la rivière à partir de Saint-Hilaire, ou de Saint-Denis, ou même encore en venant de Saint-Hyacinthe par le moyen d'une route construite à l'intérieur des terres. On peut arriver à un résultat identique par voie d'eau, en naviguant dans un sens ou dans l'autre, suivant notre point de départ, sur le cours calme et limpide du Richelieu.

Mais quel que soit le trajet adopté, quand on désire faire une visite à Saint-Charles en provenance de Saint-Hilaire, de Saint-Denis, ou encore de Saint-Hyacinthe, on ne peut s'empêcher de remarquer que la route choisie est généralement loin d'être encombrée. Il y a même des moments où l'on ne voit âme qui vive jusqu'à perte de vue. Quant aux déplacements par voie d'eau dans cette direction, ils semblent être également plutôt rares. Au cours des nombreuses visites que nous avons faites récemment dans ces parages, aucun voilier d'importance, ni aucun autre genre d'embarcation, n'est apparu dans le voisinage ou a semblé vouloir s'approcher du quai malheureusement désert de cet endroit qui par ailleurs est naturellement joli et attrayant.

La localité n'est peut-être pas encore suffisamment pourvue d'établissements de séjour pour les itinérants qui arriveraient à l'improviste en provenance de quelque région anonyme du voisinage et qui ne désireraient obtenir rien d'autre qu'une halte temporaire, comme c'est toujours l'habitude au cours ou à la fin d'une promenade. Saint-Charles ne devrait pas être indéfiniment confiné au rôle de point de départ d'un trajet en bac sur la rivière pour se rendre au village de Saint-Marc, situé en face, sur l'autre rive.

Quand on songe à Saint-Hilaire que l'on vient tout juste de quitter et qui n'est situé qu'à quelque neuf milles de distance, on est en droit d'être surpris en apprenant qu'à cet endroit, on peut bénéficier d'au moins six établissements d'hébergement offrant au grand public un choix de 114 chambres et d'un espace disponible pour le camping permettant l'installation de 137 tentes montées et de plus d'une centaine de roulottes pour ceux qui aiment pratiquer la vie au grand air, en rase campagne. Avec de telles facilités touristiques offertes aux passants anonymes, on devine que les voyageurs aimeront s'arrêter à Saint-Hilaire pour un moment afin de connaître quelque chose de différent de la vie monotone de tous les jours. Surtout ceux qui ne peuvent être que des captifs au sein du brouhaha tapageur d'une grande ville dont il faut naturellement se dépêtrer de temps à autre pour le plus grand bien de notre santé physique et mentale.

Pourtant, les deux localités voisines de Saint-Charles et de Saint-Hilaire ont été munies officiellement de leur érection civile en même temps et le même jour, soit le dix juillet 1835. Ce qui ne manque pas de surprendre quand on compare aujourd'hui leur développement contigu assez dissemblable.

Il a dû en effet se produire là, quelque chose d'inusité. Car Saint-Hilaire, avec ses 6,000 habitants bien comptés, a littéralement prospéré depuis un bon moment, tandis qu'à une courte distance, jusqu'à ce jour, Saint-Charles n'a encore officiellement que quelque 510 habitants. Évidemment, cela se passe de commentaires.

Pour éviter les habitudes acquises et les gestes traditionnels des voyageurs de passage, on pourrait en arrivant à Saint-Charles ne pas filer pour une fois à toute vitesse vers Saint-Hyacinthe, ou Saint-Denis, ou encore prendre le bac pour traverser la rivière afin d'aller sans retard à Saint-Marc. Il serait peut-être intéressant sinon instructif de flâner un peu dans la place afin, si possible, de découvrir des souvenirs du passé qui mériteraient d'être rappelés pour le bénéfice de ceux qui plus tard pourraient profiter de semblables révélations.

* * *

Le village de Saint-Charles, partie de l'ancienne seigneurie de Saint-Charles, fut muni de son érection civile, en juillet 1835, ce qui nous reporte tout de même assez loin dans le temps passé. Par la suite, la municipalité de la paroisse qui s'appelait alors Saint-Charles-de-la-Rivière-Chambly, a été proclamée en existence officielle par un texte du parlement canadien, sous le règne de la reine Victoria, en juillet 1845. Et à son tour, la municipalité de l'endroit appelée le village de Saint-Charles-sur-Richelieu fut pourvue d'une sanction gouvernementale en avril 1924. Les registres de la paroisse remontent toutefois à l'année 1741, soit au temps du régime colonial français. D'où, sans doute, les noms différents qui se sont succédé au cours des années pour désigner le même endroit. La rivière, connue aujourd'hui sous le nom de Richelieu, a elle aussi subi des variantes car elle fut d'abord appelée la « Rivière-aux-Iroquois » et cela à partir d'aussi loin qu'au temps du découvreur Jacques Cartier qui l'avait remarquée lorsqu'en 1535 il s'est rendu en barque jusqu'à ce qui par la suite est devenu l'île de Montréal.

Sans doute au grand étonnement des générations subséquentes, cette rivière fut ensuite et pour un temps nommée la « Rivière Sorel » et encore plus tard la « Rivière Chambly ».

Tout cela peut paraître troublant aujourd'hui. Mais à la vérité, chacune de ces multiples désignations pouvait être justifiée par des événements survenus au cours des décennies successives du passé. En effet, les bandes iroquoises ont maintenu pour un bon moment un contrôle strict et vigilant sur tout le parcours de cette paisible rivière. Les choses en vinrent au point que, pour survivre simplement en ce milieu devenu hostile, les Européens aux visages pâles nouvellement arrivés sur les lieux ont dû construire de considérables forts de protection communautaire dont l'un fut érigé d'abord à Sorel, puis un autre à l'endroit qui fut ensuite appelé Chambly et encore un autre du nom de Sainte-Thérèse, près de Saint-Jean et ainsi de suite.

Quant à la dernière appellation de « Rivière Richelieu » qui a survécu jusqu'à ce jour, elle aurait été donnée plus tard au cours d'eau dans le but d'honorer le grand cardinal-ministre français qui portait ce nom. D'ailleurs, c'était ainsi qu'on avait d'abord nommé le fort érigé sur les instructions du gouverneur Montmagny au point de la jonction des eaux du Richelieu et du fleuve Saint-Laurent, à l'endroit qui est devenu et est demeuré Sorel.

Ces détails d'apparence anodine peuvent tout de même aider à mieux s'y reconnaître quand on examine des papiers à caractère officiel se rapportant aux diverses phases des créations successives d'agglomérations humaines et légalisées dans cette région. Le simple fait, un peu contradictoire, que la municipalité de Saint-Charles ait reçu le nom officiel de Saint-Charles-de-la-Rivière-Chambly tandis que son bureau de poste s'appelle Saint-Charles-de-la-Rivière-Richelieu, pourrait prêter à la confusion si on n'avait aucun renseignement sur ce qui s'est produit autrefois dans cette région.

* * *

Cela dit, on pourrait peut-être à présent examiner d'un peu plus près ce que les vieilles chroniques ont conservé en fait d'activités remarquables qui sont depuis lors demeurées reliées au nom du village Saint-Charles.

Aussi invraisemblable que cela puisse paraître aujourd'hui, Saint-Charles au siècle dernier fut le site de publications journalistiques étonnantes qui, à l'époque, ont beaucoup fait parler les gens du pays.

Ainsi, fut publié en février 1833 un journal appelé *L'Écho du Pays* et tout de suite après est arrivé *Le Glaneur*, en décembre 1836, sous l'inspiration de J.-P. Boucher-Belleville. Le premier était l'œuvre de Pierre-Dominique Debartzch qui avait alors comme associé dans cette entreprise Maître Alfred-Xavier Rambau.

Pour mieux faire comprendre que cette aventure de presse ne pouvait être prise à la légère par la population d'alors, il faut rappeler qu'à partir de 1814, M. Debartzch, dont il est ici question, a été membre des Conseils législatif et exécutif pour ce qui était à l'époque le Bas-Canada, c'est-à-dire le Québec d'aujourd'hui, et auparavant, de 1809 à 1814, il avait été député de l'Assemblée législative de notre province. En outre, il était le seigneur en titre de Saint-Charles dans la vallée du Richelieu.

Debartzch, qui avec le temps allait devenir l'un des chefs de l'association contestataire des «Constitutionnels», s'était ouvertement prononcé contre le projet gouvernemental appelé «l'Acte d'Union» qui visait à joindre ensemble le Haut et le Bas-Canada, et il fut l'un des quelques audacieux qui appuyèrent le geste politique hardi, connu par la suite sous le nom des «Quatre-Vingt-Douze Résolutions», une série de sérieuses et sévères doléances présentées aux gens du pouvoir et qui furent éventuellement adoptées par l'Assemblée des députés du Bas-Canada en février 1834. Il s'agissait entre autres du contrôle de l'argent perçu chez le public, de la colonisation mal organisée, de l'intervention trop fréquente des forces armées au cours des élections, de la conduite un peu trop désinvolte des officiers de la Couronne, et autres matières du même genre. Un tel geste accompli à ciel ouvert par nos représentants officiels était alors d'une audace inouïe, car il attaquait de front et publiquement l'autorité politique absolue qui régissait alors notre pays toujours sous l'empire de la Conquête plus ou moins récente. Néanmoins après beaucoup d'acerbes discussions, ce réquisitoire explosif fut adopté en assemblée par 56 voix contre 24. C'était là une audace dont il n'est plus possible de se faire aujourd'hui une idée car on ne peut reconstituer même en pensée le climat gouvernemental autocratique et absolu qui existait alors et dont les excès sans vergogne allaient bientôt amener le peuple à la « Rébellion » ouverte et sanglante.

Le texte de ces Quatre-Vingt-Douze Résolutions avait été préparé par A.-N. Morin, alors l'éditeur du fameux journal d'avant-garde *La Minerve*, avec l'aide de Louis-Joseph Papineau, le chef reconnu et incontesté du groupe appelé le parti des Patriotes. L'affaire avait été sérieusement conçue et élaborée. Ceux qui ont appuyé un projet politique aussi hasardeux risquaient beaucoup et méritaient ainsi, et méritent encore, toute notre considération. Et cela inclut bien sûr M. Debartzch, l'éditeur du journal L'*Écho du Pays*, qui avait alors sa base d'opération à l'ancien village de Saint-Charles-sur-Richelieu. Ce M. Debartzch avait même là son manoir seigneurial et, pour un temps, la popularité de l'homme fut telle que l'endroit a été appelé le village Debartzch. Ce qui veut tout dire.

S'il fallait ajouter un indice additionnel pour souligner la qualité supérieure que voulait atteindre cet *Écho du Pays* auprès de la population de l'époque, l'on pourrait encore rappeler que pour un temps, vers 1834, ce journal fut rédigé en bonne partie par le docteur J.-B. Meilleur qui fut tout à la fois médecin, député, publiciste, écrivain et surtout l'auteur du premier «Mémorial de l'Éducation du Bas-Canada» et enfin le premier Surintendant de l'Éducation en notre pays. Tout cela formait une liasse de lettres de créance plutôt acceptable.

Le journal l'*Écho du Pays*, né le 28 février 1833, à une époque que l'on sait avoir été fort troublée, a quand même réussi le tour de force de survivre tant bien que mal jusqu'en juin 1836, c'est-à-dire jusqu'à la toute veille des événements qui furent par la suite appelés la Rébellion ou encore les Troubles de 1837, un soulèvement armé de notre population contre le pouvoir politique établi.

Et comme s'il était nécessaire de réaffirmer que Saint-Charles au siècle dernier était un village où décidément les gens n'avaient pas trop froid aux yeux, on peut dire que c'est encore là qu'est née, en décembre 1836, une autre publication journalistique qui fut alors nommée *Le Glaneur*. Cette fois, l'auteur et éditeur était J.-P. Boucher-Belleville et ce nouveau papier a, à son tour, réussi à survivre jusqu'en septembre 1837, c'est-à-dire au tout début de l'historique insurrection des nôtres au milieu du siècle dernier.

Donc, quant aux manifestations intellectuelles et politiques, et toutes proportions gardées, il faut tout de suite reconnaître que le village de Saint-Charles n'avait autrefois rien à envier à aucun autre des environs.

* * *

On pourrait encore rappeler ici une autre raison pour laquelle ce village tout entier peut être fier de son passé.

Cette fois, il s'agit de la fameuse complainte qui a raconté tristement à travers le monde ce récit:

Un Canadien errant
Banni de ses foyers
Parcourait en pleurant
Des pays étrangers.
Un jour, triste et pensif,
Assis au bord des flots
Au courant fugitif
Il adressa ces mots...

Pour un temps, la chanson est presque devenue pour les nôtres une sorte d'hymne national qui fut d'ailleurs inspiré et créé à la suite des malheureux événements de la Rébellion de 1837.

L'on se souvient en effet que cette révolte ouverte fut littéralement écrasée par les armes et que, bien sûr, il y eut des blessés, des morts, des gens qui ont réussi à s'enfuir aux États-Unis et d'autres qui furent arrêtés, faits prisonniers puis jugés coupables de sédition contre l'autorité et pendus haut et court sur la place publique. Par chance, un certain nombre de ces prisonniers ont été condamnés à la déportation et à l'exil. Ainsi, quelques-uns se sont retrouvés aussi loin qu'en Australie tandis que d'autres ont abouti, bien malgré eux, aux Bermudes. Et tout cela jusqu'à ce que le Parlement de Londres eût décidé de désavouer ces ordonnances de déportation et de permettre aux nôtres qui avaient survécu à ces misères de rentrer au pays quand bon leur semblerait.

Or, par un concours de circonstances assez imprévu, un des navires qui amenaient un jour les condamnés vers le lieu de leur futur exil, s'adonna à passer sur le fleuve Saint-Laurent et dans le voisinage de Nicolet, au moment où des étudiants du vieux séminaire de l'endroit se trouvaient dans les environs. Ils ont pu apercevoir leurs compatriotes déchus, amenés manu militari vers de lointaines régions de bannissement.

C'est alors qu'un de ces étudiants, du nom d'Antoine Gérin-Lajoie, frappé par un tel spectacle, s'est trouvé subitement inspiré par les muses et qu'il composa séance tenante les tristes mais belles paroles de cette complainte du canadien errant. Comme le hasard s'ingénie parfois à bien faire les choses, au moment où Gérin-Lajoie écrivait le texte poétique de cette pièce devenue fameuse, il y avait sur les lieux un autre élève, du nom de Pinard, dont la spécialité était de savoir composer des airs de marche en cadence dont plusieurs, devenus populaires à l'école, étaient employés régulièrement par les élèves durant leurs promenades en groupe à la campagne.

Ainsi, à la suite de ces curieuses coïncidences, la légende rapporte à ce sujet que les strophes en vers et la mélodie destinée à fournir l'accompagnement furent, paraît-il, exécutées en moins d'une heure. Alors, tout le personnel du séminaire commença à fredonner et puis bientôt à chanter à pleine gorge cette romance fort descriptive du Canadien errant. Dès le lendemain, tout le monde connaissait et pouvait entonner en chœur cette pièce à l'origine si exceptionnelle.

Comme il arrive parfois, cette chanson toute simple s'est répandue à travers le monde. Aujourd'hui, une jeune et fort talentueuse artiste du lointain pays de la Grèce historique nommée Nana Mouskouri en a fait une pièce de son répertoire. Et, pour notre plus grande joie, elle ne manque jamais l'occasion de venir nous la chanter divinement chaque fois qu'un hasard heureux l'amène dans nos parages.

Tout cela évidemment est prodigieux et les petits étudiants du vieux séminaire de Nicolet, au milieu du siècle dernier, ne pouvaient certes pas prévoir un pareil avenir. Ils auraient sans doute bien ri si on leur avait alors prédit une telle tournure des événements.

Et voilà pour la merveilleuse origine de cet air magique du Canadien errant.

Si ce fut dans la modeste localité de Nicolet que cette aventure a commencé, ce fut également au modeste village de Saint-Charles qu'est né George T. Lanigan, jeune poète irlandais, qui, enthousiasmé un jour par cette belle histoire, n'a pu s'empêcher d'en composer une traduction en langue anglaise. Depuis lors, cette traduction absolument imprévue au départ a conduit la complainte du Canadian errant, bien de chez nous, à être formellement inscrite dans les recueils de ballades populaires en langue anglaise publiés et distribués aux quatre vents et, entre autres, dans le répertoire édité au siècle dernier qui s'appelait les « National Ballads of Canada ».

Les petites causes peuvent souvent entraîner de sérieux et imprévisibles effets qui frisent parfois le merveilleux.

* * *

Dans l'esprit de la complainte dont on vient de parler, de vieilles chroniques ont rapporté une légende qui aurait pris naissance quelque part aux environs du village de Saint-Charles, à l'époque des vilains troubles politiques de 1837 et qui ressemble à celle qui est apparue à Verchères avec la vaillante Madeleine et à Saint-Ours avec la courageuse Marguerite de Saint-Ours, quand ces deux adolescentes ont eu à faire face à des bandes de maraudeurs indiens qui songeaient à leur faire un mauvais parti.

En effet, une fable ancienne transmise d'une génération à l'autre raconte des choses assez étranges au sujet d'une toute jeune fille de cet endroit qui à l'époque, et sans qu'elle l'ait recherché, se trouva soudainement prise dans les remous de la tourmente. Malheureusement le nom de cette petite héroïne involontaire semble avoir été oublié par ceux-là même qui, par ailleurs, ont cru bon de préserver le souvenir de ce singulier récit relié aux mésaventures du village de Saint-Charles au siècle dernier.

Cette petite était orpheline de mère depuis environ deux ans et elle vivait alors avec son père, s'occupant des travaux ordinaires du ménage et aussi d'un tout jeune enfant.

Un soir qu'elle préparait le souper de la famille, elle commença à trouver curieux que son père tardait à rentrer. Il avait bien été question ces jours-là des mouvements de troupe des patriotes, mais pour la jeune fille cela ne signifiait pas grand-chose de concret.

Soudain, en regardant par la fenêtre, elle vit passer des soldats. Elle décida aussitôt d'aller voir ce qui pouvait bien se produire derrière le coteau du voisinage où son père avait dit qu'il allait travailler. Une fois rendue sur les lieux, elle s'aperçut que son père avait été tué et que son cadavre gisait sur le sol glacé. La petite décida alors de placer le corps inanimé sur son traîneau pour le ramener tant bien que mal à la maison.

Comme elle approchait du but, elle vit que les soldats paraissaient étrangement égayés et au même moment elle remarqua tout abasourdie que sa maison était en train de passer au feu.

La petite n'était plus capable d'en supporter davantage. Elle se serait aussitôt écroulée sur place et serait morte à son tour presque à l'instant même.

Ce furent des passants qui, ayant été témoins de la scène pitoyable, auraient décidé d'enterrer côte à côte, et sur place, le père et sa fille. On ne pouvait rien faire d'autre assurément dans la circonstance. On n'a jamais su ce qui était arrivé au jeune enfant laissé à la maison. Un autre mystère de notre petite histoire.

Et voilà pour une légende ancienne attachée au souvenir de Saint-Charles à l'occasion des difficultés causées à cet endroit par les dégâts de la Rébellion.

* * *

Tout cela peut à présent nous amener aux tragiques événements de la guerre civile qui depuis lors sont demeurés connus chez nous sous le nom assez intrigant de Troubles de 1837. Le point culminant de cette regrettable équipée semble avoir été atteint dans ce qui était jusque-là le paisible village de Saint-Charles, tant pour le déclenchement de cette pénible affaire que pour son prochain et funeste dénouement.

Voici donc en quelques mots aussi mesurés que possible un rappel succinct des péripéties de cette fâcheuse entreprise survenue il y a environ 140 ans et dont les conséquences amères semblent encore planer sur le pauvre village qui est soudain devenu sans le vouloir le centre ultime de toutes ces opérations désastreuses.

Depuis plusieurs années, face à un gouvernement qui était formé de Conseils nommés d'office
qui agissaient d'une manière plutôt autocratique,
était né un conflit sérieux entre ces derniers et
l'assemblée des députés élus au suffrage populaire
mais dont la plupart des décisions législatives
avaient tendance à rester lettre morte. D'où,
en 1834, la manifestation assez spectaculaire des
Quatre-Vingt-Douze Résolutions adoptées par la
Chambre de nos représentants et qui suggéraient
de sérieuses réformes à nos arrangements constitutionnels.

Ainsi, de fil en aiguille, on paraissait se diriger vers une confrontation violente entre ceux qui
avaient été élus suivant les lois d'alors et les admi-
nistrateurs qui étaient le Conseil exécutif et le Conseil législatif. À cette époque, dans beaucoup de
pays d'Europe, des arrangements politiques du
même genre existaient depuis un bon moment et le
peuple silencieux avait appris à s'en accommoder.
Du moins, jusqu'au jour où plusieurs révolutions
bruyantes commencèrent à faire basculer à peu
près tous ces régimes autocratiques.

Il est vite devenu évident chez nous qu'aucune concession sérieuse ne serait accordée aux
« Patriotes » canadiens, ce qui n'était guère fait pour
arranger les choses et éviter un éclatement. L'opi-
nion des gens commençait à être surchauffée tandis
que les députés continuaient de résister à l'autorité
gouvernementale et que l'agitation grandissante
était alimentée par des appels lancés par des journaux, des comités, des assemblées et autres organisations de cet ordre. Pour compliquer davantage

la situation, on a entendu dire, peu à peu, que le gouverneur avait commencé à se servir des deniers publics sans attendre l'assentiment de la Chambre des députés.

C'est alors que les « Patriotes » ont voulu recourir aux principes de base qui avaient servi à l'instauration de la république américaine, qu'on a suggéré une intervention directe du Congrès des États-Unis, qu'on a entrepris de faire de la contrebande et même décrété de proscrire toute importation provenant d'Angleterre. Décidément les choses allaient très mal.

Il ne semblait plus y avoir moyen de faire marche arrière. Alors Louis-Joseph Papineau a entrepris soudain une grande tournée de discours et de propagande à travers les régions les mieux disposées du pays. Tout de suite il est devenu une sorte de tribun à la mode antique. Partout il était ovationné, porté en triomphe. Le peuple l'a même proclamé « le sauveur de la patrie en danger » et de grandes assemblées d'information furent alors tenues à Saint-Ours, à Québec, à Montréal, à Kamouraska.

Le Gouverneur Gosford, un peu énervé, décréta en vitesse la destitution militaire de Papineau, il lui retira son grade de major de nos forces armées, et il en fit autant à l'endroit de nombreux autres qui, eux aussi, étaient soudain devenus suspects et peu fiables ; après quoi les membres de la Chambre des députés furent renvoyés chez eux et l'Assemblée fut déclarée dissoute et n'ayant plus d'existence.

Les jeunes Canadiens groupés dans l'association qui s'appelait maintenant « Les Fils de la Liberté », s'assemblèrent en vue de fonder une « République ». Puis la mode se répandit comme une·traînée de poudre de s'habiller complètement en étoffe du pays, ce qui devenait par le fait même une sorte de costume national et l'affichage distinctif de la foi politique nouvelle qui semblait gagner tout le monde. Des comités de propagande se fondèrent ici et là. Bref, la situation frisait la confusion et le désordre généralisés.

Or soudain, le 23 octobre 1837, et sans que la chose ait paru avoir été préméditée, le modeste et paisible village de Saint-Charles est entré en scène pour devenir tout à coup le centre d'un vaste ralliement populaire visant à réunir et à canaliser tous ces bruyants efforts, jusque-là dispersés aux quatre vents.

Saint-Charles est ainsi devenu le site d'une assemblée populaire monstre de ce qu'on appelait à présent de façon fort imposante la « Confédération des Six Comtés ». On y arbora des drapeaux et des enseignes diverses, on y planta séance tenante un « arbre de la liberté » qui consistait en une colonne de bois blanchi et doré, d'environ quinze pieds de hauteur et qui était surmontée d'une lance ancienne, d'un bonnet phrygien, le tout solidement encadré de flèches, d'un tomahawk indien et finalement d'un sabre de combat de l'époque. Comme on peut s'en rendre compte, on n'avait rien oublié ni laissé au hasard. Et tous ces emblèmes à caractère belliqueux étaient ainsi étalés sans hésitation ni fausse honte. La base de cet étrange monument avait été décorée d'une profusion de feuilles d'érable et portait un écriteau qui proclamait courageusement: «À Papineau, les citoyens reconnaissants!»

Le message était assez clair.

Pendant qu'on procédait à l'érection de ce monument, d'autres volontaires s'affairaient à construire une vaste estrade pour y installer les officiers et les orateurs de la prochaine manifestation. Cet échafaudage de fortune était lui aussi décoré libéralement de touffes de sapinages et de branches d'érable. Puis au-dessus de cette imposante tribune, on avait suspendu, comme oriflamme distinctive, une grande pièce d'étoffe du pays agrémentée d'une grosse inscription qui disait simplement: «Manufactures Canadiennes». Encore une fois, rien n'était laissé au hasard. On voulait, ce jour-là, s'occuper autant de nos problèmes économiques que politiques.

Bientôt des gens en grand nombre commencèrent à s'amener de toutes les directions et il en est vite résulté une confusion telle que les chroniqueurs qui ont décrit ces événements ont diversement évalué la foule présente à des nombres variant entre 6,000 ct 25,000 personnes. Ce qui peut donner une idée du joli pêle-mêle qui s'est produit.

Pour bien faire les choses, les villageois eux aussi entreprirent bientôt de décorer leurs maisons. Et des miliciens de passage, qui portaient des armes, se mirent à tirer en l'air des volées de mousqueterie pour la plus grande joie du peuple fort excité par tout ce gentil brouhaha.

À travers ce beau vacarme et pour présenter la prochaine manifestation sous un jour un peu digne sinon solennel, quelques citoyens, plus familiers avec la procédure à suivre dans les occasions de ce genre, tinrent à l'écart un conseil improvisé pour en venir à la désignation d'un groupe d'officiers qui s'occuperaient ensuite des détails afin d'assurer la bonne marche de la réunion projetée. Comme on devait s'y attendre, le docteur Wolfred Nelson fut alors nommé président de l'assemblée et, pour rester dans les formes, on lui adjoignit aussitôt Messieurs Drolet et Duvert, comme premier et deuxième vice-présidents, avec P. Boucher-Belleville dont il a déjà été question et A. Girod qui devaient agir comme secrétaires.

On était pourvu de cadres solides qui allaient sans doute impressionner l'assistance et peut-être aussi les autorités politiques du pays. Bien que le temps et les chemins fussent loin d'être encourageants, on a tout de même réussi à faire démarrer l'assemblée si laborieusement organisée. Puis une foule d'orateurs de renom tels que Papineau, O'Callaghan, Nelson et d'autres se succédèrent à la tribune pour, tour à tour, stimuler davantage la foule si la chose était encore possible.

On déclama des protestations vigoureuses contre les méthodes tyranniques du gouvernement. On en fit autant à propos des troupes qui s'amenaient de plusieurs endroits de l'extérieur et faisaient présager une prochaine bagarre. On invita le peuple à se nommer des représentants qu'on appelait soudain des Juges-Pacificateurs et on enjoignit toute la population de rallier sans retard les rangs du groupe des Fils de la Liberté. On parla aussi de la nouvelle colonne et on alla même jusqu'à décréter que Saint-Charles, devenu depuis quelque temps le Village Debartzch, changeait encore une fois de nom pour s'appeler dorénavant « Papineauville ». C'était littéralement de l'énervement collectif.

En dépit de la verve et de l'enthousiasme communicatifs, les orateurs commencèrent à épuiser leurs beaux arguments. Alors on lança des appels solennels au peuple l'invitant d'une façon ouverte à participer à la révolte en voie de préparation et sans retard on fit approuver par la foule, en joie et peu informée, une série de résolutions imposantes issues visiblement des principes de la Déclaration d'indépendance des États-Unis d'Amérique.

Il était grand temps que la démonstration connaisse une pause et que la masse des assistants agités ait la chance de retrouver un peu de calme.

Cependant, pour bien faire les choses et frapper encore davantage l'imagination populaire, les miliciens armés qui se trouvaient sur les lieux se rendirent en parade et en grande pompe jusqu'à la colonne emblématique qu'on venait tout juste de terminer. À ce moment, le docteur Wolfred Nelson qui était toujours là profita aussitôt de l'occasion pour prononcer un nouveau discours très conforme à l'auguste circonstance.

Comme il se devait, les miliciens tirèrent à l'unisson une dernière et bruyante volée de mousqueterie. Après quoi, ils s'approchèrent pour, à tour de rôle, toucher publiquement la colonne en déclarant sur un ton très solennel qu'ils allaient dorénavant vivre et mourir pour la liberté et la patrie.

C'était là un geste précis et sans réplique.

Ensuite, comme la foule commençait à se disperser, les «Délégués» officiels de cette belle manifestation s'assemblèrent pour rédiger une «Adresse de la Confédération des Six comtés au peuple canadien». Ce précieux document allait être lu en public, le lendemain, en présence de ceux qui seraient encore sur les lieux.

Après ce qui venait de se passer à cet endroit, inutile de dire que le village de Saint-Charles était soudain devenu le centre d'un sérieux remous politique qui allait bientôt donner naissance aux événements appelés, depuis lors, les Troubles de 1837. Car, une confrontation corps à corps était devenue à peu près inévitable. À moins que l'autorité gouvernementale n'ait alors cédé sur toute la ligne, ce qui n'était pas à prévoir.

Dès la mi-novembre qui suivit, des mandats d'arrestation furent émis contre Papineau et ses collaborateurs. Les chefs ou meneurs capturés furent prestement mis en prison et les troupes se lancèrent contre les Patriotes. Le 23 du même mois, à Saint-Denis, village voisin, une bande de ces derniers commandée par Nelson réussit à tenir tête à un imposant détachement sous les ordres du colonel Gore qui digéra très mal cette résistance inattendue. Il y eut beaucoup de tués et de blessés des deux côtés. Pour bien faire sentir son dépit, Gore revint en force huit jours plus tard pour incendier le village. Cette partie de l'aventure était réglée.

Cependant, après la « victoire » de Saint-Denis en date du 23, deux jours plus tard, soit le 25 novembre 1837, ce fut au tour de Saint-Charles d'être attaqué par une autre troupe commandée cette fois par le colonel Wetherall. Ce dernier, plus prudent que son collègue de Saint-Denis, avait pris la précaution d'amener avec lui environ 400 hommes bien équipés ainsi que des pièces d'artillerie dont on n'avait pas encore fait usage dans toute cette aventure populaire.

C'est alors qu'on s'est soudain aperçu que de tous les beaux discours, des orateurs remarquables et de la multitude enflammée du mois précédent, il ne restait sur place qu'environ 200 « insurgés ». Ces derniers, peu ou mal armés, étaient commandés par M. Th. Brown et, devant l'imminence de l'assaut, ils s'étaient réfugiés tant bien que mal derrière des palissades rudimentaires, érigées en toute hâte avec des moyens de fortune.

Comme il fallait s'y attendre, en dépit de beaucoup de bravoure et d'opiniâtreté, la chute de la place fut rapide, d'autant plus que les commandents étaient maintenant disparus et que, privés de chefs, les combattants ne savaient plus trop quoi faire. Beaucoup de Canadiens furent tués, blessés, ou encore faits prisonniers quand ils n'eurent pas le temps de s'enfuir au loin et de disparaître à l'horizon.

Papineau, O'Callaghan et beaucoup d'autres étaient maintenant en fuite accélérée, leur tête étant mise à prix. Ils tentaient en toute hâte d'aller se réfugier aux États-Unis sous divers déguisements, même féminins a-t-on dit, un exploit que d'ailleurs un bon nombre d'entre eux ont réussi à accomplir.

Ainsi, Saint-Charles avait été involontairement l'endroit où avait débuté, peu auparavant, toute cette mésaventure. Il était normal que ce village devienne par la suite le site de la fin de cette noire équipée, inutilement tragique.

D'ailleurs, pour n'être pas en reste avec les voisins, et comme il fallait s'y attendre, la place fut elle aussi brûlée de fond en comble.

Le simple rappel du nom de Saint-Charles-sur-Richelieu va sans doute encore pour longtemps frapper très fort l'imagination des petites gens de chez nous.

6. Saint-Denis

Quand on quitte Saint-Charles et que l'on continue sa route le long du Richelieu, toujours vers le nord, en direction du fleuve Saint-Laurent, on atteint bientôt un gentil emplacement rural, le village de Saint-Denis, qui a l'air plein de vie et donne l'impression d'être plus agité que ce que l'on a vu auparavant. Lors des troubles de 1837, cet endroit fut le site de la première et seule victoire des Canadiens contre les forces armées du pouvoir gouvernemental établi en vertu de traités passés en Europe un siècle plus tôt. Et pourtant, en dépit de ce succès éphémère, Saint-Denis a aussi été victime de représailles après la chute de Saint-Charles, et les pertes subies par les résidants de la place ont sans doute été aussi importantes qu'ailleurs. Ce qui pourrait alors expliquer qu'en 1765 l'endroit aurait eu une population d'environ 312 habitants, puis quelque 2300 âmes vers l'année 1800. Et pourtant, aujourd'hui, les publications du gouvernement annoncent officiellement un total de 830. Ce qui est tout de même assez énigmatique et laisse un peu songeur.

Néanmoins, la même propagande gouverne-mentale ne manque pas d'ajouter aussitôt que, malgré sa faible population présente, Saint-Denis n'en est pas moins un gros village agricole. Ce qui devient plus rassurant.

Puis, comme pour piquer davantage la curiosité, cette même publicité ajoute que l'emplacement est situé sur une partie du vaste territoire qui fut, en l'année 1694, concédé à Louis de Gannes, sieur de Falaise. Ce renseignement pour nous, au vingtième siècle, est à la fois impressionnant et peu instructif.

« In cauda venemum », dans la queue, le venin du scorpion ; si l'on continue à s'informer, on apprend que lorsque ce bon monsieur de Gannes prit possession du territoire qui lui avait été concédé, il a alors fort galamment baptisé l'endroit du nom de Saint-Denis, tout simplement pour faire honneur et rendre hommage à sa femme à laquelle il semblait tenir beaucoup et qui, comme par hasard, se nommait Barbe Denys.

La localité dont il est ici question a donc passé à un cheveu de se faire appeler Sainte-Barbe, ce qui aurait pu amener des complications subséquentes. Mais, après mûre réflexion, le sieur de Gannes de Falaise opta, avec beaucoup d'à-propos, pour l'appellation de Saint-Denis, au grand soulagement des actuels résidants de cet endroit. On voit d'ici la scène si les choses s'étaient passées autrement.

Quand le visiteur arrive à Saint-Denis et qu'il s'amène sur la place publique au centre du village, il est naturellement impressionné par l'imposante église qui forme une sorte de fond de tableau au bout du petit parc du lieu. Puis, s'il fait demi-tour, il a à présent sous les yeux la tranquille rivière Richelieu et un nouveau paysage comprenant divers arrangements domiciliaires et autres, installés sur la rive opposée. Tout le spectacle est plutôt joli et suscite un regard d'approbation. Incidemment, si la fantaisie nous entraînait à prendre le bac pour traverser le cours d'eau, nous nous rendrions au village d'en face qui se nomme Saint-Antoine-sur-Richelieu. Mais cela, pour l'instant, n'ajouterait pas grand-chose à notre promenade projetée.

* * *

Comme dans le cas des autres endroits déjà visités, il pourrait être intéressant de rechercher brièvement les origines du lieu et aussi quelques petits faits divers qui, au cours des ans, sont restés attachés à cette paisible localité rurale.

De vieilles sources nous apprennent que l'antique fondateur de cette place, Louis-François de Gannes, sieur de Falaise, qui fut garde-marine, seigneur de Montdidier et chevalier de Saint-Louis, est né en France en 1666 et qu'il passa au Canada en 1686. Il devint alors major des troupes en Acadie après quoi, Port-Royal étant tombé, il s'est rendu à Québec en 1710 et il y mourut, en février 1714, à l'âge de 48 ans. Tous ces détails, superflus en apparence, pourront sans doute bientôt nous aider à mieux comprendre certains incidents qui par la suite ont pu affecter la création, puis le développement subséquent du village de Saint-Denis.

En effet, c'est en 1691 que ce monsieur de Gannes de Falaise a épousé madame Barbe dont le nom de famille était Denys, alors écrit avec un y. Le village dont il est ici question aurait dû s'appeler Saint-Denys. Mais, pour des raisons inconnues, il n'en fut pas ainsi.

La pauvre madame Barbe Denys avait eu à faire face à certains problèmes d'ordre personnel dans son récent passé. Ainsi, lorsqu'en 1691 elle épousa le lieutenant de Falaise, elle était déjà elle-même la veuve attitrée du sieur de Contrecœur qui, en son temps, avait commandé comme officier la septième compagnie du fameux Régiment de Carignan, venu au pays en 1665. Cette compagnie portait justement le nom de Contrecœur et les deux autres officiers adjoints du commandant étaient le lieutenant André Jarret, sieur de Beauregard, et le sous-lieutenant François Jarret, sieur de Verchères, dont certains descendants allaient plus tard faire parler d'eux.

Antoine Pécaudy, sieur de Contrecœur et capitaine de compagnie dans le Régiment de Carignan, décéda dans le cours des choses en 1683 alors qu'il était à un âge plutôt avancé étant né, dit-on, en 1596.

En 1667, soit à 71 ans, et quoique déjà veuf en France d'Anne Dubois, il avait de nouveau convolé en justes noces et cette fois l'élue de son cœur avait été nulle autre que Barbe Denys de la Trinité. Cette dernière, née à Québec en juin 1652, n'avait donc que 15 ans lorsqu'elle épousa Antoine de Contrecœur. Quand il mourut, il laissa Barbe veuve avec deux enfants survivants, soit Marie, née à Sorel, en janvier 1677, mariée plus tard à Jean-Louis de la Corne, et aussi François-Antoine qui naquit en 1680 et qui plus tard épousa Jeanne de Saint-Ours. Un autre fils Louis était déjà mort en 1687.

Comme quoi tout se tient ici-bas.

Barbe, née en 1652, veuve avec deux enfants, avait donc 39 ans lorsque, à son tour en 1691, elle épousa François de Falaise qui, né en 1666, n'avait que 25 ans. Mais hélas ! ce nouveau mariage ne devait pas durer longtemps pour Barbe Denys, car à son tour elle mourut en 1694 en donnant cette fois naissance à une fille qui, par suite d'arrangements déjà établis, hérita de la succession de Saint-Denis-sur-Richelieu, une situation qui s'est perpétuée par la suite.

Pour compléter en quelque sorte le cycle de ces beaux efforts matrimoniaux, le jeune veuf de Falaise se remaria à son tour en 1698 avec Marguerite, fille du seigneur de Beaubassin, et cette dernière accorda alors généreusement pas moins de dix enfants à son nouvel époux. Quand Marguerite devint veuve en 1714, le roi trouva qu'elle avait bien mérité de la patrie. Aussi, il lui accorda une pension de 600 livres qui à l'époque devait représenter une somme assez respectable.

Saint-Denis-sur-Richelieu semble donc être né par suite d'une série d'efforts individuels plutôt remarquables. Et pourtant son érection officielle, dite civile, ne fut accordée qu'en juillet 1835, tout comme dans le cas de Saint-Charles et de Saint-Hilaire, ainsi qu'on le sait déjà.

Et, pour continuer à faire des comparaisons, on peut encore rappeler que dès 1765, c'est-à-dire il y a plus de 200 ans, Saint-Denis n'avait que 312 habitants alors que Saint-Charles pour sa part en avait près de 1100. Or aujourd'hui, par un curieux renversement des choses, Saint-Denis semble avoir près du double de la population du village voisin. Une autre situation qui paraît assez difficile à expliquer.

* * *

Cela dit, on pourrait peut-être tenter à présent de retracer quelques incidents ou objets qui ont pu laisser des marques sur le Saint-Denis d'aujourd'hui ou du moins qui ont le don de faire encore jaser les gens de cet endroit.

D'abord il y a eu et il y a encore la remarquable église bâtie vers 1792 par l'architecte constructeur François Cherrier qui en fut aussi le curé durant quarante ans, soit de 1769 à 1809. Cet homme a semblé prévoir qu'il demeurerait sur les lieux pour un bon moment et alors il n'a pas hésité à entreprendre littéralement des travaux d'envergure. D'ailleurs il croyait, dit-on, dur comme fer, que son église deviendrait bientôt le siège d'un évêché et cette hantise le poussa à voir grand. Hélas! sa prévision était inexacte ou prématurée. Mais il ne l'a jamais su, étant décédé trop tôt pour voir son beau projet parvenir à son terme.

Au fait, il n'était même plus là depuis fort longtemps lorsque, pour donner encore un plus grand air à ce temple déjà remarquable, la façade fut complètement refaite en 1922. On peut facilement se rendre compte du changement d'apparence qu'a subi cette construction si l'on compare l'état actuel des lieux avec celui qui existait au siècle dernier; on peut le faire en examinant par exemple de vieilles gravures d'autrefois comme il en existe encore dans les archives des sœurs de la Congrégation, ou même en feuilletant de vieux journaux de l'époque tel, entre autres, *Le Monde Illustré*, particulièrement ses numéros de l'automne de l'année 1897.

En plus de l'allure imposante de ce temple dont on a déjà espéré faire un siège épiscopal, il faut également souligner le caractère simple mais remarquable de sa sacristie installée comme d'habitude à l'arrière de l'édifice et qui complète fort bien l'ensemble de ces arrangements architecturaux.

Cependant, il y a plus à voir que tous ces beaux extérieurs et il faut bien sûr se donner la peine de visiter l'intérieur de l'édifice pour apprécier de visu sa belle tenue et sa décoration murale exceptionnelle surtout dans ce milieu rural.

Là encore on peut voir le fruit du fin travail de Louis-Amable Quevillon qui a sculpté les autels latéraux, et aussi celui d'Urbain Durocher responsable de la chaire monumentale et du mobilier des fonts baptismaux. Il y a même tout autour des tableaux de maîtres européens d'autrefois qui méritent qu'on s'y arrête un moment pour en goûter toute la rare richesse. Et, quand on sait être aimable avec le curé de l'endroit, on peut même mériter de se faire montrer d'autres pièces étonnantes et fort anciennes comme, par exemple, des lutrins en forme d'aigles énormes et d'autres objets du genre, comme on n'en voit nulle part ailleurs.

Nous n'avons sans doute plus parmi nous les artisans capables de répéter de pareils exploits. Ce qui est certes regrettable.

Et voilà pour l'église de Saint-Denis.

* * *

Quand, en visiteur intéressé, on s'approche de l'édifice de l'église en marchant le long de la grande allée centrale consuisant au temple, si l'on s'arrête à mi-chemin dans ce trajet et qu'on se retourne vers sa droite, alors on se trouve précisément en face de ce qui fut jusqu'à ces dernières années un fort imposant et magnifique couvent des sœurs de la Congrégation de Notre-Dame. En effet, durant plus d'un siècle et demi, il y eut là une institution d'enseignement fort recherchée pour jeunes filles désireuses de s'instruire, qui s'amenaient d'un peu partout à la ronde, et qui voulaient se préparer assidûment à la vie future de notre petite société ethnique au cours des décennies passées. Le premier couvent de Saint-Denis avait commencé son œuvre louable à une date aussi lointaine que 1783, ce qui peut donner une idée de l'âge vénérable de cette magnifique institution.

Puis, avec le temps et les besoins devenant plus pressants, il a fallu améliorer et agrandir les lieux qui se sont transformés en une énorme et jolie construction de quatre étages en solides pierres de taille, munie d'une centaine de fenêtres très larges, et capable d'héberger, de nourrir et aussi d'éduquer une centaine de toutes jeunes filles en même temps. Au siècle dernier, cette institution devait sans doute être une réalisation plutôt remarquable.

Outre un curriculum purement scolaire comprenant une bonne variété de sujets d'études alors en vogue, de vieux documents qui ont survécu jusqu'à ce jour et qui furent rédigés dans une calligraphie somptueuse et nettement charmante, sans doute inimitable aujourd'hui, nous révèlent que toutes ces jeunes demoiselles en formation pouvaient aussi présenter des œuvres de théâtre et également faire de la musique vocale et instrumentale dont les exercices répétés aboutissaient par la suite à d'imposantes séances de concerts publics où la maisonnée tout entière était appelée à prendre une part active.

Ainsi on ne peut guère dire aujourd'hui que nos générations plus récentes ont réussi à faire beaucoup mieux, ou encore que nos gentilles grand-mères ont dû autrefois mener une vie plutôt monotone.

Et voilà ce qu'on peut dire sur le magnifique couvent de Saint-Denis-sur-Richelieu qui a si longtemps contribué au mieux-être de nos aïeules. Malheureusement, ce bel emplacement vient tout juste d'être considéré désuet et encombrant et il a été minutieusement démoli et rasé. Il n'en reste plus aujourd'hui aucune trace. Le site ancien a été labouré, nivelé et ensemencé d'essences végétales anonymes. Et la localité perdante n'en est pas devenue plus enrichie pour autant. Cela va sans dire.

*　*　*

Mais, outre l'église et le couvent de la place dont on vient de dire un mot, il y a encore à cet endroit d'autres vieux souvenirs architecturaux qui devraient, bien sûr, mériter au moins une courte visite.

Ainsi on peut y admirer au moins trois monuments érigés il y a longtemps et qui s'efforcent de nous rappeler jusqu'à ce jour que ce modeste village fut directement impliqué jadis dans les événements malheureux du siècle dernier que l'on connaît déjà.

D'abord il y a la vieille colonne de pierre fort usée par le temps et qui fut dressée autrefois sur une petite place publique pour rendre hommage à *Louis Marcoux*. Ce dernier au moment des élections générales de 1834, alors âgé de 34 ans, avait été soudainement abattu à Sorel d'un coup de pistolet. La constestation à l'époque gravitait autour du thème des 92 résolutions et le climat de cette consultation populaire était vite devenu plutôt agité. La votation durait déjà depuis six longues et laborieuses journées. Des mots un peu vifs avaient été échangés et soudain un coup de feu partit et Marcoux fut abattu sans plus d'explication.

Le Docteur Nelson, de Saint-Denis, suggéra d'ériger un monument sur la tombe du défunt. Mais la chose fut aussitôt refusée par les autorités de l'endroit à cause des remarques un peu sévères qu'on se proposait d'y inscrire. Alors le monument dédié à Marcoux fut finalement élevé à Saint-

Denis où d'ailleurs il a connu des mésaventures additionnelles durant les troubles de 1837.

Puis il y a encore la petite pyramide en pierres des champs qui marquerait, dit-on, l'endroit où le 23 novembre 1837 les troupes gouvernementales du colonel Gore auraient été repoussées par l'assemblage hétéroclite des paysans volontaires de la région. Ce geste d'allure gavroche demeure tout de même significatif même si, comme on le sait, ce fut la seule victoire des effectifs canadiens lors de la Rébellion qui de plus allait vite s'avérer peu profitable à cause de la débâcle de Saint-Charles deux jours plus tard. Mais enfin, on n'y peut certes rien aujourd'hui.

Le troisième monument mis en place en 1913 veut rendre honneur aux hommes qui, à Saint-Denis, le 23 novembre 1837, ont perdu la vie au cours de cette confrontation à main armée. Les noms d'une douzaine de ces guerriers d'occasion, morts au combat, sont inscrits sur cette colonne qui elle-même sert de socle à une réplique en pierre d'un habitant en tenue de guerre.

Ce serait d'ailleurs tout près de là qu'après la bagarre du 23 novembre 1837, L.-J. Papineau, dont la tête avait été mise à prix, pressentant que cette histoire tournerait mal, aurait décidé séance tenante de tenter de s'enfuir aux États-Unis. Il aurait alors voyagé avec des guides bénévoles à travers marais et forêts et se serait même pour un moment déguisé en femme. Ce qui, dans la circonstance, pouvait s'expliquer.

* * *

Or tout cela peut naturellement nous rappeler le souvenir de quelques personnages dont les noms ont été mêlés d'assez près aux fastes de Saint-Denis au cours du siècle dernier.

Ainsi *Côme-Séraphin Cherrier* fut un homme plutôt remarquable dont toute la famille semble avoir été intimement liée au passé de ce beau village.

Il était le fils d'un cultivateur, qui était aussi un marchand; son grand-père *François Cherrier* était venu s'établir comme notaire à Saint-Denis en 1769 et il y pratiqua ensuite sa profession jusqu'à sa mort survenue en 1789.

Un frère de son père, également du nom de *François*, fut curé à Saint-Denis pendant quarante ans, soit de 1769 à 1809 comme il a déjà été dit.

Un autre frère de son père, nommé *Benjamin*, premier député du comté de Richelieu, fut toute sa vie marchand à Saint-Denis.

Puis encore un autre oncle, du nom de *Séraphin*, est devenu médecin et fut lui aussi député pour le même comté durant la période allant de 1815 à 1820.

Ensuite une tante, *Charlotte*, se maria avec le député Denis Viger et devint la mère de Denis-Benjamin Viger, avocat et futur ministre du gouvernement. Enfin une autre, nommée *Rosalie*, épousa le député Joseph Papineau et devint par la suite la mère de Louis-Joseph Papineau le futur chef du parti Canadien et l'idole de toute une génération de Patriotes. Lui aussi eut beaucoup à faire avec le village de Saint-Denis.

Pour sa part, Côme-Séraphin Cherrier, dont il est ici question, est né en 1798, il fit des études classiques au Collège de Montréal, il étudia le droit à l'étude de son cousin germain Denis-Benjamin Viger, son aîné de 25 ans, et il fut admis au Barreau en août 1822 où très tôt il s'y montra un très habile plaideur. Par la suite, il est devenu, pour un court moment, avocat au Contentieux de la Ville de Montréal puis il fut élu, lui aussi, député à l'assemblée législative de notre province.

Cependant, bien qu'il prêchât à ses compatriotes la modération durant les Troubles de 1837, il fut arrêté et emprisonné puis relâché sans procès. Ce qui l'amena alors à refuser l'offre d'un nouveau poste de député et même celui de ministre de la Couronne. Il déclina également l'offre de la charge de juge en chef de notre province car il ne recherchait point les situations honorifiques.

Toutefois cet homme «à la nature exceptionnelle», comme se plaisait à dire Sir Wilfrid Laurier, accepta un jour de devenir, pour rendre service aux siens, le Bâtonnier du Barreau de Montréal pour un terme allant de 1855 à 1856 et il accepta également la lourde charge de premier doyen de la Faculté de Droit à l'Université Laval de Montréal.

En somme, Cherrier a connu une vie fort bien remplie et sa mort suscita un concert d'éloges.

Un peu de toute la gloire de ce dernier a donc rejailli sur Saint-Denis parce que plusieurs des siens en avaient été les résidants et avaient aussi contribué à l'élaboration de sa petite histoire locale.

*   *   *

Puis, dans la même veine, on pourrait encore rappeler le souvenir de *François-Xavier Tremblay*, natif de Contrecœur et père du journaliste Rémi Tremblay, et qui en 1837 n'a pas hésité à se joindre aux effectifs des Canadiens pour faire le coup de feu à Saint-Denis et participer ainsi à la surprenante victoire paysanne des nôtres.

*   *   *

Et aussi *Louis Bourdages*, originaire de Lorette près de Québec, qui après ses études au séminaire de Québec est venu s'établir à Saint-Denis où il s'adonna d'abord à la culture et bientôt après devint notaire. Par la suite, en 1804, il fut même élu député du comté et il siégea alors à l'Assemblée législative pendant dix ans. Il fut même promu lieutenant-colonel du Deuxième bataillon du Richelieu, puis il s'opposa à l'union des deux Canada et finalement il vota, lui aussi, en faveur des 92 résolutions. Ce qui fit une vie assez bien remplie.

*   *   *

Et encore *Jean-Baptiste Bédard* qui est devenu curé à Saint-Denis et qui fut le frère de Thomas, notaire à l'Assomption, de Flavien, décédé à Saint-Denis, de Joseph, avocat et surtout de Pierre-Stanislas Bédard qui, après des études classiques au séminaire de Québec, s'adonna au Droit et fut l'un des premiers Canadiens à être admis au

Barreau en 1796. Par la suite, Pierre-Stanislas fut élu député et alors il soutint que les élus du peuple avaient droit de parler français en Chambre. Il a encore été le fondateur de l'hebdomadaire *Le Canadien* en 1806 qui est devenu le premier journal d'expression française de notre province, ce pourquoi d'ailleurs il allait bientôt être arrêté et jeté en prison.

Comme quoi beaucoup de familles des nôtres ont contribué autrefois à donner de la vie et de la couleur au gentil village de Saint-Denis.

* * *

Et ici on pourrait peut-être rappeler à présent qu'à l'instar d'autres localités du voisinage, comme on le sait déjà, de véritables légendes ont un jour pris naissance et sont ensuite restées obstinément attachées au passé folklorique du vieux village de Saint-Denis.

Ainsi, par exemple, au milieu du siècle dernier, il y aurait eu, paraît-il, à cet endroit un curé qui avait la réputation de pouvoir faire des choses extraordinaires dont, entre autres, ressusciter les morts. Ce qui suffisait bien sûr à exciter fortement l'imagination populaire et à fournir de l'abondant matériel pour les conversations des petites gens avides de ce genre de choses.

Or ce bon curé sans prétention, plutôt anonyme dans le vaste panorama de la hiérarchie officielle de l'époque, aurait un jour conçu l'idée d'une dévotion nouvelle qui, à son sens, pouvait apporter de précieux bénéfices à tous ceux qui consentiraient à se joindre à lui dans cette nouvelle formule de piété assez originale.

Ainsi, un peu comme on a déjà vu avec les Associations de la Bonne Mort, ou du Pieux Trépas de St-Joseph, les triduums et autres bonnes activités similaires, ce saint homme annonça avec beaucoup d'enthousiasme qu'il venait de créer de toutes pièces la mystique « Société de la Croix Noire » et que tous ceux qui le désireraient pourraient désormais faire partie de cette louable organisation et du même coup profiter de tous les avantages spirituels qu'on était en droit d'espérer d'une action aussi indiscutablement méritoire.

Cette innovation originale serait peut-être demeurée lettre morte et sans lendemain si, peu après, des événements fort inattendus n'étaient venus pour ainsi dire prêter main-forte au magnifique projet et le placer, du même coup, bien à la vue du grand public.

Malgré d'inexplicables et sérieuses difficultés financières reliées à la gestion de cette paroisse et des conflits avec la fabrique, le digne curé eut soudain l'inspiration additionnelle de faire construire par des ouvriers de la place une grande croix noire de dix pieds de hauteur qui deviendrait ainsi le symbole manifeste de la foi profonde des habitants en même temps qu'un monument public au soutien d'une profession collective de tempérance au nom de toute la population locale, ainsi liée d'office par cette décision ecclésiastique.

La croix fut taillée et solidement assemblée et ensuite toute la congrégation des fidèles fut convoquée à une grande manifestation qui consista à faire transporter ce nouvel emblème accompagné par la foule sur une bonne distance le long de la rivière. Ensuite, rendue à une éclaircie désignée d'avance, cette croix symbolique fut solidement plantée dans le sol pour demeurer ainsi indéfiniment et devenir un rappel constant à l'ordre pour les habitants des deux rives de même que pour tous ceux qui par hasard seraient appelés à faire une séance de navigation par les moyens habituels sur les eaux du Richelieu.

Comme d'habitude, le tout fut bien sûr agrémenté de cantiques, d'invocations ferventes, de récitation d'oraisons et de mots d'ordre appropriés le long du parcours de cette procession tout à fait spontanée. Des thèmes gravitant autour des mots «la croix, la croix» étaient à présent scandés sans cesse par la foule débordante de foi et éprise d'une ferveur indiscutable.

Le curé, maintenant fasciné lui-même par son propre projet, en était venu à penser sans cesse à la croix au point, a-t-on dit, qu'il en voyait partout. Et bientôt des rumeurs ont circulé parmi le peuple affirmant sans hésitation que des choses merveilleuses se produisaient ici et là sous l'influence et en vertu de ce nouvel enblème de profonde dévotion. On attribuait même à présent à la croix noire un pouvoir mystique nettement prodigieux.

Or il arriva ce qui naturellement devait arriver.

Ici la légende s'est accaparée de cette affaire pour lui donner, si possible, une importance encore plus considérable au niveau de la considération populaire toujours ouvertement friande de ce genre de mysticisme réconfortant.

En effet, un jour le bon curé fut, dit-on, appelé auprès d'un malade qu'on lui avait décrit comme étant en mauvais état. Le saint homme se dépêcha donc d'aller vers l'agonisant en emportant la trousse des objets requis par le rituel pour les cérémonies ultimes et obligatoires en pareilles circonstances.

La famille alors aux prises avec les pires angoisses était naturellement réunie autour du lit du grand malade et l'arrivée du curé attendue avec beaucoup d'impatience.

Cette impatience allait vite s'avérer bien fondée.

Lorsque le curé s'amena sur les lieux, les survivants tout en larmes annoncèrent au saint homme un peu énervé que le malade n'avait pu attendre et qu'il venait tout juste d'expirer.

On voit d'ici la scène désarmante.

Il n'était plus possible de procéder au cérémonial habituel qui doit toujours se dérouler avant le décès. Mais le curé garda en apparence, et malgré tout, sa contenance et son sang-froid et il aurait alors déposé quelque part la trousse des précieux objets du rituel réservés uniquement au rite ante-mortem. Puis il aurait demandé à un des assistants de décrocher la croix noire familiale qu'il voyait suspendue au mur, à la vue de tous, comme la chose était maintenant devenue une habitude dans presque toutes les maisons de la région. Ensuite le curé, ayant reçu la croix familiale de l'endroit, l'aurait placée aussitôt à une courte distance de la figure du défunt et, sans tarder, il aurait ordonné impérieusement au disparu de baiser la croix qui lui était ainsi offerte.

Et ici la légende rapporte avec une confiance et une précision indiscutables que, sur le commandement solennel du saint homme, le trépassé se serait redressé et aurait embrassé pieusement le symbole béni après quoi il serait retombé lourdement dans sa position de dernier sommeil pour la seconde fois à la stupeur générale et bien compréhensible de tous ceux qui venaient d'être témoins d'un aussi extraordinaire spectacle.

Puis, pour tirer proprement le mot de la fin qui s'imposait alors dans cette circonstance unique, le curé thaumaturge aurait annoncé avec beaucoup de digne fermeté que personne ne devait plus avoir de crainte maintenant au sujet de l'avenir extra-terrestre du défunt, car définitivement « son âme allait être sauvée ! »

On voit d'ici l'effet d'une pareille révélation sur l'esprit des petites gens inoffensifs qui venaient d'assister à une scène aussi prodigieuse. Et l'on comprendra qu'en moins de temps qu'il n'en fallait pour le dire, les détails de cette magnifique aventure furent répandus et disséminés aux quatre vents des alentours. Il ne pouvait en être autrement.

Plus personne ne pouvait dorénavant douter du pouvoir mystique de ce pieux homme, surtout lorsqu'il pouvait agir avec le secours d'une précieuse croix noire comme celle qu'il venait d'inventer, pour le plus grand bien de ses ouailles.

*   *   *

Or, une chose de ce genre en attirant toujours naturellement une autre, un nouvel incident se serait, dit-on, produit peu après et aurait aussitôt nécessité un nouveau recours au curé dont on attendait, encore une fois, une démonstration publique de son pouvoir extraordinaire.

En effet, au cours de l'été suivant, les gens du lieu auraient appris avec beaucoup de stupeur que deux jeunes enfants venaient tout juste de tomber dans un petit étang du voisinage et qu'ils semblaient s'y être noyés. On voit d'ici l'émoi général que pouvait susciter l'annonce d'un aussi lamentable incident.

Bientôt on apprit qu'on venait de retrouver les deux victimes et que les ayant sorties de l'onde on avait étendu tout près sur le sol les petites dépouilles inanimées.

Puis bien sûr qu'on avait fait avertir le pieux curé de l'endroit qui s'était alors amené sur les lieux en toute hâte comme on pouvait s'y attendre. Aussitôt la jeune mère éplorée et folle de douleur s'était précipitée littéralement aux pieds de l'ecclésiastique qui paraissait bien être aux yeux de tous un envoyé de l'au-delà et le dernier secours humain sur lequel on pouvait encore compter pour corriger les malheureuses conséquences d'un pareil désastre.

Pour ajouter si possible un cachet encore plus dramatique à cette scène pénible, la mère en délire entreprit de sommer, avec beaucoup d'insistance, le thaumaturge abasourdi de lui rendre ses enfants séance tenante.

C'est alors que, pour faire quelque chose qui paraîtrait utile, le saint homme se serait penché vers les deux petits corps inertes et aurait même appuyé son oreille sur la poitrine affaissée de chacun. Puis se relevant lentement, il aurait fait un signe aussitôt compris de tous, qui annonçait sans retour que malheureusement tout semblait bien être fini.

Mais l'affaire n'allait pas en rester là.

Car ce geste inattendu de la part du saint homme dont les grands pouvoirs étaient connus, déclencha aussitôt une sorte de dialogue fort agité entre la mère, de moins en moins capable de se contenir et le bon ecclésiastique qui ne savait plus trop comment se déprendre d'une situation aussi impossible.

Ainsi, dans la confusion générale, la mère s'adressant au prêtre se mit littéralement à crier sans arrêt de lui rendre ses enfants. Et le pauvre homme ahuri, mais impuissant à pouvoir faire quoi que ce soit d'utile, ne trouvait comme réponse que de vagues paroles qui se voulaient vainement réconfortantes et qui répétaient sans cesse à peu près ceci: « pauvre femme, Dieu vous éprouve cruellement, mais consolez-vous dans la pensée... » Or il n'y avait jamais moyen de connaître la suite d'aussi encourageantes reparties. Car la mère, de plus en plus excitée, coupait court aussitôt à ces vaines paroles pour crier à son tour qu'elle ne voulait pas de consolations verbales, mais rien d'autre que revoir ses enfants bien à elle, ce qu'elle ne cessait de répéter en accentuant davantage et chaque fois la violence de sa prière.

Le curé tentait bien de ramener un peu de calme et d'ordre dans cette démonstration poignante en haussant à son tour la voix et en disant à toute l'assistance en désarroi « que Dieu ne redemandait en somme que ce qu'il avait donné et qu'il était le seul Maître... » et cetera.

Mais, sans attendre la suite de cette pieuse digression, la femme interrompait à nouveau et, ne lâchant pas prise, elle criait maintenant : « Non, je veux mes enfants ; si vous ne me les rendez pas c'est que vous ne le voulez pas ; les prêtres ça peut tout... ». Et, affolée, la femme s'accrochait à présent à la soutane du pauvre curé et elle tentait de le ramener vers les petites dépouilles qui continuaient à ne manifester aucune trace de vie.

C'était véritablement l'impasse.

Or, changeant brusquement de tactique, la femme exacerbée entreprit soudain de lancer à voix forte des liasses de vilaines imprécations et de regrettables jurons qu'en dépit de toute sa fiévreuse diligence le pauvre prêtre éperdu ne réussissait plus à contenir.

Ainsi, changeant d'approche à son tour, le saint homme parut un moment reprendre contenance et, se redressant sur-le-champ avec sa dignité habituelle, il réussit à se déprendre tant bien que mal de l'étreinte de la femme atterrée et il cria des choses où il était question pêle-mêle de « femme insensée »,... « chrétienne de peu de foi », ...« malheureuse, taisez-vous ! »,... et autres objurgations du genre.

Une telle apostrophe, d'ailleurs fort inattendue, sembla aussitôt rétablir un peu de calme

124

dans l'assistance et il s'en suivit alors un moment de lourd silence entrecoupé seulement de plaintes plus ou moins bien étouffées.

Profitant sans retard de cette bienfaisante accalmie, le curé annonça sans sourciller qu'«il lui rendrait ses enfants.» On peut voir d'ici l'effet stupéfiant d'une telle révélation. Tout le monde recommença bien sûr à chuchoter pour se dire cette fois, les uns aux autres, qu'il allait tout de suite ressusciter les pauvres petits. Et le cercle des assistants, s'il était possible, se resserra davantage autour des principaux acteurs de cette scène fantastique.

Soudain personne ne semblait plus savoir quoi faire au juste ni même par quoi on devait à présent commencer cette prodigieuse opération. Et, pour comble, le curé paraissait maintenant un peu perdu et même effrayé par les conséquences de ce qu'il venait de déclarer.

Cependant, après un moment de confusion, l'homme têtu répéta qu'il allait en effet rendre les enfants à leur mère. Mais, ajouta-t-il, à une stricte condition. Ce qui, bien sûr, acheva de faire taire les assistants qui en avaient le souffle coupé.

Puis, ayant jeté un long regard circulaire sur toute cette assemblée médusée et se sentant sans doute plus sûr de lui-même et en meilleure possession de ses moyens, le curé révéla à voix forte la condition sine qua non qu'il exigeait, avant de commencer à accomplir ce qu'il venait de promettre. Sans attendre d'être interrompu et de perdre à nouveau le contrôle de la situation, le saint homme s'adressa publiquement à la mère et il exigea qu'elle lui promette, séance tenante, qu'une fois que ses enfants lui auraient été rendus, elle les replacerait aussitôt et sans retard là où le curé se proposait d'aller les chercher. Or, pour obtenir le miracle qui allait bientôt se produire, il ne restait bien sûr rien d'autre à faire que de se plier à fond aux mystérieuses exigences de l'impressionnant thaumaturge.

C'est alors que, dans un complet silence, le curé leva les yeux en haut et, sur un ton prophétique, il annonça avec une irrésistible conviction qu'il voyait dans le ciel entrouvert les deux enfants de la mère et qu'ils y étaient heureux et tout joyeux au milieu d'une troupe de petits anges tous occupés à des activités des plus charmantes, comme cela ne peut arriver qu'au paradis.

Le saint homme paraissait être à présent dans un état d'extase avancé, car il tremblait de tous ses membres et ses yeux étaient littéralement rivés au ciel et au-delà. On ne pouvait donc plus exiger de lui qu'il ramenât sur cette pauvre terre de jeunes âmes innocentes maintenant bel et bien rendues pour l'éternité au séjour des bienheureux.

Durant toute cette scène insupportable, le curé visiblement hors de lui-même n'en continuait pas moins de supplier sans cesse la mère abasourdie d'exécuter la promesse solennelle qu'elle venait de faire. Aussi le résultat ne se fit pas attendre, car la malheureuse femme éclata soudain en violents sanglots. Elle était écrasée et vaincue et ne pouvait plus vouloir ramener ici-bas ses pauvres petits qui, à présent, avaient obtenu la meilleure part.

Ainsi la réputation du bon thaumaturge s'en est trouvée accrue, car on l'avait vu accomplir publiquement un autre prodige et à présent on savait qu'il n'y avait plus rien qui pouvait résister à ses pouvoirs surnaturels.

Et voilà comment un petit incident, qu'aujourd'hui on appellerait un modeste fait divers, a pu faire naître chez nous autrefois une impressionnante légende que les gens par la suite ont cru utile de se transmettre d'une génération à l'autre. Car une leçon de choses devait sans doute être tirée de cet ancien récit pour le plus grand bien de ceux à qui ces faits merveilleux seraient plus tard racontés.

* * *

Cependant, pour terminer notre visite en beauté, on pourrait, encore une fois, rappeler qu'en date du 23 novembre 1837 le village de Saint-Denis semble bien avoir été le théâtre d'un affrontement sans quartier entre, d'une part, une forte troupe à la solde du gouvernement de l'époque et, d'autre part, un regroupement plutôt hétéroclite de paysans. Bien que mal armés, ils étaient décidés à barrer la route à ceux qui voulaient investir la région pour, sans doute, procéder à l'arrestation des chefs politiques.

Comme il fallait s'y attendre, un beau désordre a naturellement suivi. Après toutes les années écoulées et les nombreuses versions de l'affaire d'ailleurs assez contradictoires, il n'est pas facile de s'y reconnaître à quelque cent quarante années de distance.

Cependant, il semble établi que la veille de ce fameux combat de Saint-Denis, soit dans la soirée du 22 novembre, une troupe de militaires bien armés était arrivée à Sorel en bordure du Saint-Laurent, à l'embouchure de la rivière Richelieu. Cette manœuvre était sage, car ce plan stratégique pouvait ainsi permettre à la troupe de s'approcher de Saint-Denis à revers en évitant tout accrochage préliminaire inutile qui aurait pu compromettre ou, à tout le moins, retarder l'opération projetée.

Cette troupe gouvernementale, alors commandée par un certain colonel Gore, comprenait, a-t-on appris par la suite, trois compagnies d'infanterie régulière plus un détachement de cavalerie volontaire. Elle était en outre équipée d'une solide pièce d'artillerie dont la seule présence visait à faire réfléchir les habitants, car plusieurs n'étaient armés que de fourches, de bâtons et de mauvais fusils de chasse.

Une fois que cette petite armée fut proprement rassemblée et qu'on y eut d'ailleurs ajouté le renfort d'une compagnie additionnelle d'infanterie, le signal du départ aurait été donné vers les dix heures du soir. Il s'agissait de se mettre en route pour franchir, en évitant Saint-Ours, alors aux mains des Canadiens, les quelque dix-huit milles qu'il fallait parcourir pour se rendre aux environs de Saint-Denis. Pour l'occasion, cet endroit était devenu l'objectif précis qui avait été désigné par le commandement militaire.

Mais l'affaire démarrait plutôt mal. Car une vilaine tempête s'était soudain élevée. La neige et la pluie très froide, à ce temps de l'année, gênaient beaucoup les hommes dans leur manœuvre de marche en rangs compacts.

Pour conserver ses forces les plus intactes possible, le colonel Gore décida à ce moment de faire contourner le village de Saint-Ours déjà occupé par les rebelles campagnards. Cela voulait dire quitter la route principale en bordure du Richelieu et suivre le tracé en zigzag des petits rangs aux limites des terres boueuses, ce qui fit que hommes, chevaux et pièces d'équipement ont pataugé presque jusqu'aux genoux durant toute cette marche de nuit.

Et, pour empirer les choses, à l'approche de l'aube, une forte neige succéda à la pluie et le terrain devint glacé.

L'on comprendra qu'au matin, dans de pareilles conditions, les hommes de la troupe rendus aux abords de Saint-Denis étaient épuisés et gelés jusqu'aux os. Il n'y avait plus aucune gaieté dans l'air et la ferveur guerrière avait disparu en cours de route.

L'attaque surprise qu'on avait projetée pour la nuit avait été manquée et c'était maintenant en plein jour que les deux camps allaient s'affronter dans les conditions qu'on peut deviner et qui étaient loin d'être les mêmes pour les parties en présence. Mais lorsqu'on est en guerre, on doit accepter les situations comme elles se présentent.

Pour compliquer encore davantage les choses, un officier du nom de Weir devait remettre un message urgent des supérieurs au colonel Gore. Mais il n'avait pu atteindre Sorel qu'une demi-heure après le départ de la troupe et Weir ignorait que la route principale n'avait pas été suivie par les siens. Tout à coup, en fonçant le plus vite possible dans le noir il s'est aperçu qu'il était lui-même rendu à Saint-Denis et bien avant les autres. À son grand chagrin, il fut alors arrêté, désarmé et amené prestement devant le docteur Wolfred Nelson qui était pour l'occasion le chef commandant les forces canadiennes.

Le plan d'encerclement de la place par les petites routes de campagne se trouvait ainsi dévoilé. Et Weir, fait prisonnier, devait bientôt perdre la vie, car il tenta, contre toute chance, de s'échapper pour aller prévenir les siens du danger. C'était courageux mais maladroit, car le docteur Nelson lui avait promis qu'il serait bien traité.

Cependant, pour accomplir malgré tout la mission qu'on lui avait confiée, le colonel Gore une fois arrivé aux abords de Saint-Denis aurait alors et sans tarder donné le signal de l'attaque. C'était une erreur, car les forces canadiennes, pour leur part, avaient passé la nuit bien à l'abri et tout le personnel était en bonne condition. En outre les meilleurs tireurs, postés derrière les murs épais d'une grosse maison de pierre bâtie sur une hauteur, pouvaient mieux diriger le tir de leurs armes à feu tout en étant eux-mêmes à couvert. Les chose se mirent à aller tellement mal pour les troupes gouvernementales que même la grosse pièce d'artillerie qu'on avait malgré tout traînée jusque-là ne réussit pas à faire de sérieux dommages. Les tirailleurs canadiens ne donnaient plus à présent aucune chance aux assaillants. Toutes les tentatives faites en vue de prendre les positions d'assaut furent vaines et repoussées les unes après les autres. Et, comme cela arrive toujours en pareille circonstance, les forces canadiennes recevaient à présent du renfort qui arrivait de-ci de-là des régions avoisinantes.

Après plusieurs efforts inutiles, Gore s'est soudain rendu à l'évidence. Pour éviter le pire et un désastre irréparable, le colonel anglais a fait sonner le signal de la retraite. Penaudes, les troupes gouvernementales ont réussi à se défendre de ce véritable guêpier et, rebroussant chemin, elles ont pris cette fois la grand-route pour retourner à Sorel où elles finirent par arriver au cours de l'après-midi suivant et dans un fort piteux état. On s'en doute bien. Leurs morts, leurs blessés et même l'inutile pièce d'artillerie avaient dû être abandonnés sur le terrain de ce qui avait été le champ de bataille.

Cependant, même si l'engagement avait duré près de cinq heures, il semble que les pertes dans les deux camps étaient relativement légères, quoiqu'il ait été dit, après coup, que les troupes anglaises avaient fait jeter plusieurs de leurs morts dans les eaux du Richelieu afin de cacher les pertes qu'elles avaient subies. On ne saura jamais la vérité sur ce point.

Il est étonnant que, malgré cette totale victoire canadienne contre les troupes gouvernementales, Louis-Joseph Papineau, le docteur O'Callaghan et de nombreux autres chefs du mouvement insurrectionnel aient semblé prévoir que les choses allaient bientôt mal tourner pour les nôtres. Au fait, cela allait se produire exactement deux jours plus tard, soit le 25 novembre, lors de l'engagement final de Saint-Charles. Et c'est comme cela que de nombreux chefs des Patriotes ont eux aussi entrepris de longues marches le long de petites routes de campagne pour aller, le plus vite possible, chercher un refuge sur le territoire des États-Unis d'Amérique. Mais, pour ce curieux geste, Papineau et d'autres ont été accusés de désertion par Nelson d'autant plus qu'en agissant ainsi le moral des nôtres en fut rudement affecté. C'était tout naturel.

Il peut également être utile d'ajouter ici que les nôtres avaient subi des pertes assez sérieuses dans cette aventure. Il y eut par exemple le cas du député Charles-Ovide Perrault, de Vaudreuil, qui était venu se joindre aux défenseurs de Saint-Denis et qui fut tué d'une balle qui lui perfora l'abdomen alors qu'il tentait d'aller prendre le commandement d'un peloton isolé de tirailleurs qui attendaient des instructions.

Et voilà pour la victoire de Saint-Denis dont la conséquence ultérieure fut que ce village a été brûlé à peu près de fond en comble après que le sort des armes eut tourné contre ceux qu'on appelait à présent les insurgés.

7. Saint-Ours

Comme tous les autres villages de la vallée du Richelieu, Saint-Ours a, lui aussi, été mêlé de très près à la trame des événements qui, avec le temps, sont devenus la petite histoire de nos multiples aventures d'autrefois en Amérique septentrionale.

Et également, comme pour tous les villages que l'on peut encore visiter dans cette région, fort peu de choses survivantes peuvent nous faire soupçonner jusqu'à quel point la vie en ces lieux fut un jour trépidante pour nos anciens lorsque le hasard ou la bonne fortune a voulu qu'ils soient les témoins d'aventures nettement remarquables.

Le village de Saint-Ours a autrefois beaucoup fait parler de lui. Et il en a été exactement de même pour la famille de Saint-Ours qui a donné son nom à cet emplacement fort attrayant en bordure de la paisible rivière Richelieu, même si elle fut jadis décrite comme la turbulente et imprévisible « rivière des Iroquois ».

Mais, pour commencer par le commencement, il faut dire tout de suite que l'implantation du nom de Saint-Ours en notre pays fut le résultat plutôt fortuit de la venue d'une fameuse unité militaire européenne qui, après plusieurs modifications de son nom, a fini par s'amener au Canada en 1665 portant la désignation de régiment de Carignan-Salières. C'était au début de la domination française et à un moment de notre histoire coloniale où un secours matériel de l'extérieur devait nous être fourni sans retard faute de quoi l'entreprise de colonisation outre-mer, qui commençait à être connue sous le nom de la Nouvelle-France en Amérique, risquait fort de s'effondrer et de s'éparpiller aux quatre vents.

Ainsi, en se rendant enfin aux vibrants et nombreux appels au secours lancés par les nôtres, les autorités siégeant alors à la Cour de France ont consenti à nous faire parvenir de l'aide. Cette assistance indispensable et presque miraculeuse portait le nom devenu fameux du régiment déjà mentionné.

Au fait, cette unité militaire d'envergure qui allait par la suite faire beaucoup parler d'elle et qui nous a à l'époque littéralement sauvé la vie, avait déjà elle-même connu une longue série d'aventures remarquables en divers endroits de l'Europe d'alors.

Entre autres, ce régiment avait déjà porté le nom de Balthazar, en l'honneur de son premier fondateur Johann von Balthazar, un militaire de carrière allemand qui avait d'abord été engagé dans l'armée suédoise. Puis, à la suite de divers événements, il était passé au service de la France avec armes, personnel et bagages, pressé de faire ainsi par son ami Henri de Chastelard, marquis de Salières.

Cette troupe de militaires de métier, formant un assemblage plutôt hétéroclite, au caractère mercenaire, s'était d'abord rendue en Espagne pour y guerroyer sous le nom de régiment de Balthazar. Se trouvant ensuite mêlée à Thomas de Savoie, prince de Carignan, corruption de Carignano, petite ville de la province de Turin en Italie, la troupe participa effectivement à des engagements en Italie. Après quoi, cette petite armée fort mobile, et toujours prête à servir là où son assistance était requise, est un jour devenue le régiment de Carignan-Balthazar, portant ainsi le nom des militaires qui, au hasard des événements successifs, en étaient devenus les chefs.

Mais inévitablement, et après une vie bien remplie d'œuvres méritoires, le bon général Balthazar décida d'abandonner ce genre d'occupation. Il jugeait que cela n'était plus de son âge et il se retira paisiblement dans les terres de sa baronnie de Prangin en Suisse.

Ce fut alors que son associé, le marquis, assuma le commandement de l'affaire et que du même coup cette troupe d'hommes d'armes est devenue connue sous le nouveau nom de régiment de Carignan-Salières. Naturellement, ce curieux assemblage de militaires de fortune continua de guerroyer un peu à droite et à gauche suivant les besoins du moment, comme par exemple lorsque la France décida d'engager et d'expédier ces gens bien entraînés pour porter secours à l'empereur Léopold d'Allemagne alors que ce dernier était en sérieuses difficultés avec les Turcs. Ils se firent d'ailleurs remarquer par la victoire décisive qu'ils remportèrent contre celui qui, à l'époque, portait l'important titre de grand vizir Koeprilü.

Ainsi, après plusieurs campagnes et de nombreux succès, il fut décidé à la Cour de France de faire appel à ces hommes d'expérience afin de bâtir de toutes pièces une nouvelle unité militaire qui serait formée d'un certain nombre de compagnies de fantassins, chacune de ces compagnies devant comprendre plusieurs officiers et, en principe, pas moins de cinquante combattants.

Tout ce monde devait ensuite se rassembler aux alentours des ports de Brouage et de La Rochelle en bordure de l'Atlantique. Là ils devaient s'embarquer le plus tôt possible pour se rendre en Nouvelle-France afin d'y fournir un appui militaire valable à la colonie qui menaçait sérieusement de s'effondrer par suite des assauts répétés des bandes iroquoises. Ces dernières étaient assurément courageuses et fort aguerries puisqu'elles nous arrivaient de régions aussi éloignées que le sud des lacs Huron et Ontario dans ce qui est devenu, depuis lors, la partie ouest de l'État de New York aux États-Unis. Ce qui peut aujourd'hui nous donner une idée de l'habileté et de la résistance physique de ces guerriers autochtones qui étaient à présent devenus nos ennemis déclarés.

Ce fut un grand seigneur et un homme de guerre de renom qui allait être choisi pour commander cette véritable petite armée professionnelle comprenant pas moins de 25 compagnies de soldats présumés aguerris, une chose plutôt remarquable pour l'époque. Cet homme sur qui les autorités d'alors comptaient maintenant pour mener à bien cette singulière expédition, en une fort lointaine colonie d'outre-mer, se nommait Alexandre de Prouville, marquis de Tracy. En outre, et ce qui était bien, ce militaire avait lui-même un bon crédit personnel à la Cour de France ayant été, tour à tour, conseiller du roi, commissaire général des armées outre-Rhin, lieutenant général, maréchal des logis du roi, commandant à Dunkerque, Bordeaux et autres lieux, et cetera. En somme on semblait avoir recours à un personnage possédant une vaste expérience tant en matières civiles que dans les choses toujours compliquées de la conduite d'une guerre. Cela n'était certes pas trop tôt, du moins pour les colons un peu éperdus de la Nouvelle-France.

Cependant, au moment de cet étrange transfert de troupes d'un continent à un autre, le noble marquis se trouvait alors lui-même aux lointaines Antilles pour y accomplir une mission qui lui avait été confiée et il lui a donc fallu revenir tant bien que mal à bord de voiliers archaïques... et aussi vite que la chose pouvait être possible en direction du nord et du fleuve Saint-Laurent afin de se charger des opérations militaires qui étaient maintenant devenues sa responsabilité personnelle.

Mais on ne peut évidemment pas comprendre l'effort fantastique requis autrefois pour mener à bien une pareille entreprise maritime si l'on néglige de replacer tous ces événements dans le climat des lentes et pénibles conditions de transport de cette époque éloignée. Car les voyages en haute mer ne pouvaient alors s'exécuter qu'au moyen de fragiles petits vaisseaux de bois qui n'avaient pour seule force locomotrice qu'une série de légères voiles de toile installées les unes à la suite des autres et dont l'arrangement devait être manœuvré avec beaucoup de savoir-faire. Des voyages organisés à partir des côtes du pays de France ont souvent fait naufrage peu après le départ ou encore ne sont parvenus aux eaux du Saint-Laurent qu'après une pénible croisière océanique pouvant durer jusqu'à trois mois et demi.

Pendant cette remontée maritime du noble marquis, à présent en route vers son nouveau champ d'action en Amérique du Nord, les diverses unités de fantassins, devant bientôt former ce qui allait s'appeler ici le régiment de Carignan-Salières, partaient les unes après les autres de l'Europe et voguaient elles aussi, tant bien que mal, vers les rives de la Nouvelle-France. Car, à présent, les opérations militaires projetées devaient sans doute être mises en branle dans le plus bref délai possible pour être de quelque utilité.

Comme toutes les unités guerrières de ce genre à l'époque, le régiment de Carignan-Salières allait lui aussi être formé d'un ensemble de spécialistes aux fonctions bien définies appelé l'État-Major, et également d'un certain nombre d'hommes de troupe regroupés en divers détachements numérotés que l'on nommait, et que l'on nomme encore aujourd'hui, des compagnies. En outre, chacune de ces dernières pouvait au besoin agir d'une façon individuelle et plus ou moins autonome pour assurer une plus grande liberté d'action, le cas échéant.

Ainsi les vingt-cinq compagnies de ce régiment furent les unes après les autres appelées officiellement celles de La Colonelle, de La Salières, de la Freydière, de Chambly, de La Motte, de Contrecœur, de La Fouille, de Grandfontaine, de Froment, de Loubias, de Rougement, de Maximy, de La Tour, Du Gué, de La Varenne, de Louis Petit, de Pierre de Sorel, de Porte, de Saint-Ours, de La Noraye, d'Alexandre Berthier, de Chambellé, du Poitou et enfin, si l'on inclut celle qui s'appelait l'État-Major, la vingt-cinquième qui fut nommée la compagnie d'Orléans.

Chacune de ces vingt-cinq compagnies portait le nom du capitaine qui en était le commandant immédiat, sauf La Colonelle qui pour sa part relevait de Jean-Baptiste Dubois de Sainte-Maurice, La Chambellé qui était placée sous Olivier Morel, sieur de La Durantaye, La Poitou relevant à son tour du capitaine François de Tapie, sieur de Monteil et Clérac et enfin la Compagnie d'Orléans alors commandée par le capitaine de La Brisardière.

Et c'est ainsi que le rappel des noms des officiers de ce très ancien régiment de Carignan-Salières est devenu aujourd'hui fort important pour les Canadiens d'expression française au Québec. Car presque tous les commandants et lieutenants des diverses compagnies de cet étrange assemblage militaire d'autrefois ont par la suite, et sans le savoir, légué leur nom personnel à bon nombre de petites villes et villages de chez nous qui, depuis lors, ont continué sans arrêt d'être appelés de cette façon pour des raisons qui n'avaient nullement été préméditées au départ.

Pour se rendre bien compte de ce fait historique et magnifique, on n'a qu'à relire lentement la liste des valeureux officiers qui jadis, il y a plus de 300 ans, ont consenti à venir guerroyer en notre pays et y risquer sérieusement leur vie, pour simplement nous aider à conserver ce coin de terre plutôt rude où nos vieux ancêtres tentaient alors fort laborieusement de se créer un nouveau genre de vie.

Ainsi la vingtième compagnie du régiment fut appelée de Saint-Ours en prenant le nom de famille du capitaine Pierre de Saint-Ours. Et celui-ci, comme tous les autres, a également été pourvu d'assistants immédiats qui furent le lieutenant Edmond de Suève et aussi l'enseigne, ou second lieutenant, Thomas Xavier, sieur de La Naudière et La Pérade. Par la suite et par une heureuse coïncidence, le descendant de ce dernier appelé Pierre-Thomas Tardieu de La Naudière allait participer à la défense de la ville de Québec quand cette dernière, en 1690, fut vigoureusement assiégée, quoique sans beaucoup de succès, par l'amiral anglais M. Phipps.

Et encore un peu plus tard, le deuxième sieur de La Naudière est devenu l'époux de Madeleine Jarret de Verchères, elle-même la troisième d'une famille de douze enfants, implantée ici avec le temps par un autre officier qui avait fait partie de la septième compagnie du même régiment de Carignan. L'éloge de Madeleine de Verchères n'est plus à faire, car tout le monde connaît bien l'aventure héroïque de cette dernière quand elle assuma seule avec deux vieillards la défense du fort de sa région contre une attaque de maraudeurs ennemis et cela à l'époque où elle n'était encore qu'une toute jeune adolescente. De La Naudière portait également le titre de seigneur de La Pérade, un nom qui depuis lors a été donné à un emplacement rural devenu une belle attraction touristique à cause des milliers et des milliers de petites morues ou poissons des chenaux qu'au début de l'hiver tout visiteur, même sans aucune expérience, peut y pêcher à loisir, le jour comme la nuit à travers la glace du fleuve Saint-Laurent, à l'entrée de la rivière Sainte-Anne située à cet endroit. Et depuis lors, l'affaire ne manque jamais de devenir un véritable festival qui se répète assidûment chaque année.

Mais, pour revenir encore une fois et en quelque sorte à ce qu'on pourrait nommer nos moutons, il faudrait également rappeler qu'étant ainsi venu au Canada, vers le milieu des années 1600, à titre de commandant d'une compagnie du fameux régiment déjà mentionné, Pierre de Saint-Ours était lui-même le descendant en ligne directe d'une vieille noblesse, établie depuis fort longtemps dans une région du sud-est de l'ancienne France et dont les origines connues nous font remonter dans le passé jusque vers le quatorzième siècle. Ce qui est tout de même un fait assez remarquable.

Ainsi, par exemple, on sait que vers 1374 les seigneurs Pierre et Claude de Saint-Ours ont fait parler d'eux. En outre, un de leurs descendants, nommé Antoine de Saint-Ours, aurait pris part en juin 1430 à la bataille d'Anthon au cours de laquelle le prince d'Orange de l'époque a connu une désastreuse défaite. Par la suite, vers 1483, un fils de ce dernier, appelé Jean de Saint-Ours, se serait joint à d'autres hommes d'armes pour porter secours au marquis de Saluces contre les gens du pays de la Savoie. Or le petit-fils de ce dernier, appelé Georges de Saint-Ours, aurait été marié deux fois avec le résultat que les dots successives des épouses, jointes à la belle fortune lentement amassée par les ancêtres, ont fini par donner une grande influence à cette famille et ont même permis au fils Étienne d'adopter alors le titre additionnel de seigneur de l'Eschaillon, un trait honorifique qui a survécu à peu près inchangé depuis lors.

* * *

On pourrait ici faire encore mention d'autres souvenirs qui ont eu pour scène le joli emplacement rural qui depuis lors est devenu le village de Saint-Ours.

Par exemple, en cours de route, Pierre de Saint-Ours, le militaire de profession, déposa les armes de guerre assez longtemps pour se procurer le loisir de convoler en justes noces. La conjointe choisie s'appelait mademoiselle Marie Mullois, fille de Thomas, sieur de La Borde, qui était lui-même un vieux soldat de métier. Puis, d'une chose à l'autre, Marie a réussi à donner à son seigneur et maître pas moins de onze enfants destinés à leur tenir compagnie par la suite.

C'était d'ailleurs parce que M. de Saint-Ours avait décidé de s'établir en permanence au Canada qu'en 1672, l'intendant Jean Talon lui avait concédé une étendue de terre allant de la concession de M. de Contrecœur jusqu'à celle de M. de Saurel. Ce qui n'était certes pas un mince cadeau. Et, un peu plus tard, d'autres concessions de même source furent encore octroyées à ce nouveau seigneur canadien, comme par exemple celle qui était située sur la rivière l'Assomption «d'une lieue de terre de front sur une lieue et demie de profondeur..., pour compenser le seigneur de l'espace qui peut manquer aux deux lieues qui lui avaient été promises dans la première concession». Et aussi, quelques îles pour arrondir les frontières de ce domaine. D'où, comme il était à prévoir, il s'est ensuivi la construction de divers genres d'habitation.

M. de Saint-Ours commença alors à morceler ses propriétés pour offrir diverses tranches de terre à des soldats de sa compagnie qui du même coup accepteraient de devenir des censitaires avec les droits et les obligations habituels attachés à ce titre. Ce qui d'ailleurs était une coutume assez bien établie chez les nôtres à cette lointaine époque.

* * *

C'est encore vers ce moment que l'on remarque l'autre vieille habitude d'attribuer aux soldats de métier de curieux surnoms qui auraient été directement reliés à la fonction bien particulière du fantassin de la troupe. Par exemple, à l'occasion de cet octroi de portions de terre à divers soldats désireux de s'établir en permanence au pays, on voit défiler des noms dont l'allure présente pour le moins un caractère plutôt original. Ainsi sur la liste des nouveaux censitaires de Saint-Ours, on fait mention de Luc Poupart dit Lafortune, de Laurent Bony dit Lavergne, d'André Marigny dit L'Éveillé, de Louis Jean dit Lafontaine, de Louis Charbonnier dit Saint-Laurent, de François Larose dit Deguire, Saint-Germain dit Gazaille, Méri Herpin dit le Poitevin, Mathieu Battanchon dit La Lande, Jean Célurier dit Des Lauriers, Antoine Armand dit Larose, Mathurin Baulnier dit La Perle, Pierre Dextras dit Lavigne, Pierre Ménard dit Saint-Onge, Jean Pinsonneau dit Lafleur, François Chèvrefils dit Lalime, Mathurin Collin dit La Liberté, Pierre Lancougné dit Lacroix, et cetera, et cetera. Ce qui se passe de commentaires.

Au fait, un autre trait assez original de ce régime de censitaires fut que de temps à autre les seigneurs de plein gré procédaient comme ça et sans complication à l'échange entre eux de colons, sans doute pour mieux équilibrer les populations avoisinantes et peut-être aussi les sources de revenus.

Et histoire de nous compliquer peut-être davantage la vie et notre présent désir d'obtenir plus de précision sur l'identité de toutes ces familles anciennes de chez nous, il faut aussi faire remarquer que très souvent les noms mêmes de ces braves gens ont avec le temps subi des modifications sérieuses qui peuvent aujourd'hui nous rendre songeurs sinon nous égarer complètement. Par exemple, et pour des raisons demeurées inexpliquées, Herpin dont on a déjà parlé est devenu Arpin, ce qui naturellement peut aujourd'hui embrouiller les choses et nous amener à commettre des erreurs bien involontaires.

N'empêche que malgré ces petites difficultés passagères, il a été rapporté qu'aux environs de l'année 1683, la seigneurie de Saint-Ours comprenait déjà une population de pas moins de 86 âmes, ce qui dénotait certes un sérieux progrès de croissance. Comme à cette époque on avait visiblement le souci des petits détails qui pourraient s'avérer utiles aux chercheurs de l'avenir, ces mêmes rapports de statistiques anciennes ont encore indiqué qu'en outre de cette vigoureuse population humaine, cette localité naissante pouvait s'enorgueillir d'être pourvue de 55 bêtes à cornes et, qu'en plus, les diverses surfaces de terres à présent déboisées, défrichées pour la culture, représentaient une superficie de 135 arpents. Ce qui pour l'époque, et avec l'outillage et les conditions physiques d'alors, devait certes paraître un état de choses plutôt considérable et un résultat dont les résidants du lieu pouvaient être fiers. Car on était rendu en 1682 et cet effort de colonisation d'un territoire demeuré jusque-là vierge, ou à peu près, n'avait débuté qu'à la fin de 1673, soit moins de dix années plus tôt.

Et pourtant, en dépit des efforts ainsi déployés par tout ce monde incluant les propres filles du seigneur de Saint-Ours qui savaient labourer et récolter elles-mêmes le blé et autres produits de la ferme, il semble bien que ces magnifiques entreprises n'étaient guère une source d'opulence. Le gouverneur Denonville a un jour fait rapport aux autorités de la Cour de France pour annoncer que le seigneur de Saint-Ours et d'autres familles de ce genre en étaient réduits à vivre dans un état voisin de la pauvreté. Ce qui semble bien indiquer encore une fois que les titres honorifiques et les vastes concessions de territoires non défrichés ne signifiaient pas nécessairement la fortune à brève échéance pour ceux qui étaient désignés comme étant des bénéficiaires.

Pour compliquer davantage les choses, tous ces paysans installés assez précairement sur des fermes neuves vivaient toujours sous la menace constante d'attaques de la part de bandes iroquoises qui arrivaient ainsi à l'improviste pour surprendre les colons, brûler les habitations et bâtiments de ferme, piller les maigres stocks de provisions péniblement accumulés et, pire encore, capturer et amener au loin comme prisonniers des garçons et des filles qui étaient au travail en plein champ et n'avaient fait de mal à personne et qui disparaissaient ainsi presque pour toujours.

Ce fut à l'occasion d'un de ces raids montés par des bandes de maraudeurs ennemies que s'est inscrite dans notre histoire canadienne la belle légende racontant l'exploit assez remarquable de Marie-Anne de Saint-Ours.

En effet, la petite alors âgée de 16 ans était allée en toute innocence à la pêche aux écrevisses à un endroit du voisinage situé sur l'île de Saint-Ours. Et soudain, sans avertissement, elle et les autres enfants qui l'accompagnaient furent surpris par une bande de guerriers itinérants que personne n'avait vu venir. Prompte et très agile, elle réussit cependant à s'échapper avec son monde et, les enfants étant à l'abri dans son canot, elle dirigea ce dernier d'une main tout en nageant avec l'autre sans se préoccuper des flèches ennemies lancées dans sa direction. Elle fit si bien et si bravement qu'elle a réussi malgré, dit-on, une grave blessure au poignet, à se rendre jusqu'au fort de Contrecœur situé à une bonne distance de l'endroit et elle put ainsi alerter les gens. D'ailleurs, comme il se devait, un air de folklore a, par la suite, été composé pour rappeler ce remarquable incident.

* * *

Pour sa part, le seigneur Pierre de Saint-Ours étant devenu veuf alors qu'il était dans la soixantaine, contracta un second mariage en s'alliant cette fois avec Marguerite Le Gardeur de Tilly. Mais il ne semble pas que cette nouvelle alliance ait produit une postérité additionnelle.

Par la suite les membres de cette vieille famille de chez nous ont continué sans interruption et d'une génération à l'autre à rendre des services au pays dans les forces armées, dans l'administration publique, ou encore dans diverses sphères de la politique active.

* * *

Cependant, une autre famille de renom se trouva aussi mêlée un jour au passé du village de

Saint-Ours. Et ce fut celle de Marie-Marguerite Du Frost de Lajemmerais devenue avec le temps veuve Marguerite d'Youville et fondatrice des sœurs de la Charité dites sœurs Grises de l'hôpital Général de Montréal que tous connaissent bien.

À l'époque de ses épousailles avec François-Magdeleine You d'Youville, Marguerite de Lajemmerais avait eu un fils aîné qui est devenu l'abbé François d'Youville. Puis au hasard des circonstances, ce dernier fut un jour mis en charge de la paroisse de Saint-Ours. Ceci se passait en 1759 c'est-à-dire à la fin de la terrible guerre de Sept Ans qui allait clore la période de la colonisation française en Amérique. À son grand dépit, le jeune abbé se trouva soudain en présence d'une pauvre chapelle de mission qui tombait littéralement en ruine. Le nouveau titulaire voulut naturellement remplacer cette dernière par un véritable temple paroissial dont tous pourraient alors être fiers.

Afin de réaliser sans retard son louable projet, l'abbé s'adressa à sa mère Marguerite d'Youville qu'il croyait alors plutôt à l'aise en matière de ressources financières. La mère céda, bien sûr, aux pressions de son fils et elle consentit à lui prêter une forte somme prise à même les biens de l'hôpital Général de Montréal, ou du moins c'était ce que l'on croyait.

Mais Marguerite d'Youville était une bonne femme d'affaires. Elle aurait même pour un temps, aux environs de 1740, opéré une ligne de traversiers reliant Montréal à Longueuil et cela afin d'amasser des fonds pour l'aider dans ses œuvres.

Elle tenait à ses ressources financières, car elle disait ouvertement que tous ces biens appartenaient à ses pauvres.

Il n'est donc pas étonnant que cette bonne dame ait bientôt exigé un remboursement qui se faisait d'ailleurs attendre depuis plusieurs années. Puis de guerre lasse, et à la fin, il a fallu avoir recours à un comité d'arbitrage formé de trois personnes désintéressées, mais le curé n'accepta pas le verdict qui lui était défavorable. Alors la mère en appela à l'évêque Briand lui-même qui lui adressa une lettre blâmant le fils, mais la mère ne pouvait se décider à faire parvenir à destination un pareil message. Durant ce temps, le bâtisseur d'église répondait toujours qu'il n'avait rien reçu des diverses successions de sa famille, pas même des comptes rendus, et que sa mère, ayant suffisamment fait pour les pauvres, pouvait bien lui avancer 9000 livres pour une œuvre pie. Au fait la bonne dame est morte accablée de chagrin sans recouvrer les deniers qu'elle réclamait toujours comme étant son dû, car le fils ne remboursa sa dette que deux années après le décès de sa mère.

Comme quoi même les œuvres les plus louables peuvent parfois être la cause de grands chagrins pour ceux qui ont le cœur trop large.

*　*　*

Il faudrait certes souligner aussi que, de par sa situation purement géographique, le village de Saint-Ours s'est un jour trouvé intimement lié aux fameux troubles issus de la Rébellion de 1837-1838.

D'ailleurs à une date aussi reculée que 1808, on a rapporté que les idées audacieuses du journal *Le Canadien*, le premier chez nous à être écrit entièrement en français et qui était publié par Pierre Bédard, le porte-parole de la majorité de nos députés à l'Assemblée législative de la province, étaient favorablement acceptées et commentées avec beaucoup d'habileté chez les nôtres de la campagne, particulièrement à Saint-Ours. Cette publication était, dit-on, avidement accueillie surtout chez le peuple. Et alors on pouvait déjà sentir qu'il y avait de la poudre dans l'air. Car les habitants de Saint-Ours et de Saint-Denis dès 1810 «portaient plus de confiance à cet écrit séditieux, concernant le contrôle des subsides, qu'à la proclamation même du gouverneur!» Le juge de paix Delisle qui «après la messe vient solliciter des signatures pour une adresse d'appui au gouverneur» est même carrément expulsé du presbytère manu militari.

Or plus tard, en mars de l'année 1837, la Chambre des communes de Londres avait voté une série de dix résolutions nous concernant et devant nous mettre au pas, qui avaient été appelées des «résolutions coercitives». Et comme par hasard, lorsque cette nouvelle s'est répandue chez nous, ce fut à nulle autre place qu'à Saint-Ours que, le sept mai 1837, on a tenu la première grande «assemblée anticoercitive». Et naturellement que ce titre à lui seul en disait long, surtout si l'on songe que les troubles véritables à main armée n'allaient se produire que six mois plus tard. D'ailleurs, pour se faire une idée du climat d'alors à cet endroit, on n'aurait qu'à se rappeler la désastreuse aventure du colonel Gore.

Mais il semble qu'on en a déjà assez dit à ce sujet et qu'on pourrait à présent passer à autre chose d'un peu plus agréable.

* * *

On pourrait peut-être terminer cette courte visite à Saint-Ours en rappelant enfin que ce fut encore là, en 1851, le lieu de la naissance de Narcisse Pérodeau.

Fils, de Paul, un humble cultivateur, et de Modeste Herpin, il était donc par sa mère un descendant en ligne directe d'un soldat du régiment de Carignan devenu censitaire du premier seigneur de Saint-Ours. Malgré son éloignement des centres et les modestes ressources de sa famille, ce jeune homme a néanmoins réussi à parfaire ses études secondaires au séminaire de Saint-Hyacinthe, après quoi il a suivi des cours de Droit à Montréal et il y obtint un baccalauréat. Peu après, il fut admis à la pratique du notariat, puis est devenu tour à tour secrétaire et par la suite président de la Chambre des notaires.

Mais, un succès en attirant toujours un autre, il fut bientôt choisi comme professeur de procédure et autres matières connexes à l'Université qui s'appelait alors Laval de Montréal. Et de fil en aiguille il était nommé membre du Conseil législatif de notre province pour la division de Sorel et enfin, en mars 1910, il devenait ministre dans le cabinet du gouvernement du Québec.

Ce fut d'ailleurs de cet endroit qu'un jour de l'année 1924, on est allé le chercher pour lui confier le haut poste de lieutenant-gouverneur de la province. Une charge que, malgré sa grande timidité naturelle, il a occupée avec beaucoup de dignité pendant toute la durée de son mandat. Après quoi, comme on avait encore besoin de lui, on le nomma de nouveau conseiller et ministre du gouvernement.

Pendant son terme à titre de lieutenant-gouverneur et donc de vice-roi, il a même accepté la suggestion officielle d'organiser une grande fête gouvernementale dont on a beaucoup parlé et qui devait servir par ses fastes à rehausser, aux yeux de tous, le prestige civilisé de notre province. Puis, ses fonctions de représentant de la Couronne ayant pris fin, il est parti dignement pour aller faire un peu de chasse au tigre dans une région aussi éloignée que les Indes.

Il n'y a aucun doute qu'à l'époque la grande distance qui séparait Saint-Ours de Bombay a dû en épater plusieurs.

Et tout cela pour faire remarquer à tout venant qu'une origine ultra-humble ne signifie pas nécessairement que toute la vie subséquente doit en être affectée.

8. Sorel

Lorsqu'on quitte Saint-Ours et que l'on continue de suivre le bord de la rivière Richelieu en direction du fleuve Saint-Laurent, on arrive bientôt à une petite ville fortement industrialisée et qui porte le nom connu et plutôt célèbre de Tracy, sans doute en l'honneur du marquis dont il a déjà été question à plusieurs reprises. Il est dit dans les rapports officiels à propos de Tracy fondé en 1954, que près de la moitié du territoire de cette localité est occupée par diverses usines qui d'ailleurs fournissent du travail à la plus grande partie de sa population.

Mais cette sorte de banlieue rurale sert surtout de porte d'entrée pour accéder à l'agglomération beaucoup plus considérable et plus ancienne qui vient tout de suite après et qui porte un autre nom plutôt fameux chez nous c'est-à-dire celui de Sorel.

Dès maintenant il faut dire qu'à l'instar de Chambly, Saint-Ours, Contrecœur, Verchères, Varenne, Rougemont et beaucoup d'autres, Sorel a lui aussi été un officier commandant une compagnie du fameux régiment de Carignan.

Ce capitaine ainsi attaché à ce vieux bataillon d'autrefois serait né en 1628 dans le Dauphiné, au sud-est de l'ancienne France. Il signait lui-même Pierre de Saurel et très tôt il embrassa, a-t-on dit, la carrière militaire où il devint rapidement officier.

Un jour de mai 1665, l'intendant Jean Talon était en voyage d'études en France et il aurait assisté, dans le voisinage de La Rochelle, aux exercices de manœuvres de huit compagnies de soldats de métier. Rencontrant peu après le ministre du roi, M. Jean-Baptiste Colbert, Talon lui aurait alors fait rapport que toutes ces compagnies de militaires à l'entraînement lui auraient paru être complètes dans leurs effectifs et que, de plus, celle qui était commandée par M. de Saurel lui avait semblé être quelque peu supérieure aux autres. Cela ne pouvait guère faire de tort à celui qui était devenu l'objet d'un pareil compliment. Et alors normalement, et tel que suggéré par Talon lui-même, la chose devait être suivie d'une certaine gratification monétaire ce qui, à son tour, deviendrait un stimulant pour obtenir si possible un rendement accru. Ce qui, depuis toujours, a été une méthode d'opération remarquable dont les effets n'ont jamais tardé à se faire sentir.

Les huit compagnies qu'avait remarquées Jean Talon furent mobilisées et expédiées prestement outre-mer pour prendre poste dans la colonie royale de l'Amérique du Nord. Cela se passait en août 1665 et quelques mois seulement après que M. Talon, le 23 mars de la même année, eut été nommé « intendant de la justice, police et finance pour le pays de Canada, Acadie, île de Terre-Neuve et autre pays de la France septentrionale ».

On se rend tout de suite compte, par les termes officiels de cette nomination, que le mandat du titulaire était vaste, clair, et les pouvoirs plutôt étendus. Au fait, Talon pouvait d'office assister aux divers conseils de guerre, entendre les plaintes des gens et même des militaires, informer le roi de toutes choses jugées utiles, au besoin punir les coupables pour infractions commises et à l'occasion présider le Conseil souverain dans les cas jugés urgents alors que le gouverneur et M. de Tracy auraient été absents.

M. de Sorel est dûment arrivé à Québec avec sa compagnie en août 1665 et il reçut aussitôt l'ordre de se rendre avec ses hommes à la rivière des Iroquois devenue la rivière Richelieu, et cela à l'endroit même où cette dernière déverse ses eaux dans le fleuve maintenant appelé le Saint-Laurent. Là il avait pour mission de procéder à la construction de nouvelles fortifications sur l'emplacement même où, 23 années plus tôt, le deuxième gouverneur de la colonie, M. de Montmagny, avait lui aussi fait ériger une sorte de forteresse qui, par la suite et par manque de ressources, avait beaucoup perdu de son utilité pratique. Quelque six années plus tard, ce nouveau centre de défense, d'abord appelé fort Richelieu, a fini logiquement par devenir le fort de Sorel, portant ainsi le nom de son nouveau constructeur et commandant.

* * *

Cependant, et dès le départ, M. de Sorel a paru être en assez bons termes avec les officiels des cercles gouvernementaux de la France métropolitaine.

Mais, cela étant à présent chose faite, M. de Sorel a voulu également se placer dans les bonnes grâces de l'autre source d'influence pratique qui existait alors dans son pays d'origine et dans le nôtre et qui provenait d'un groupe d'hommes discrets, mais omniprésents, connu partout sous le nom de clergé. On devait d'ailleurs un peu plus tard se rendre compte de cette omnipotence avisée lorsqu'à l'aube de la révolution française de 1789, les états généraux de la nation, soudainement convoqués par l'autorité royale pour consultation populaire d'urgence, se retrouvèrent tout normalement divisés en trois classes traditionnelles de la vieille France qui depuis toujours comprenaient d'abord la noblesse, puis le clergé, et ensuite tout le reste de la population du pays regroupée indistinctement en un tout compact qui portait le nom de tiers état. Et cette troisième et dernière classe englobait précisément tous ceux qui ne faisaient pas partie des gens dits «nobles» ou encore de ceux qui étaient devenus des membres accrédités des diverses organisations qui formaient alors «le clergé», officiellement reconnus comme tels.

Le jeune officier militaire Pierre de Sorel se sentant muni de précieux appuis à la cour royale de France n'allait certes pas négliger le clergé. Ce dépôt d'influence sérieuse allait d'ailleurs continuer de se maintenir avec son prestige et son ascendant durant près de deux siècles à venir.

Et voilà ce qui pourrait peut-être expliquer que, dans les biographies qui nous sont restées de

Pierre de Sorel, il est en général fait état d'un mystérieux incident d'autrefois qui, sans éclaircissement et sans être replacé dans son cadre naturel, pourrait nous intriguer et nous laisser plutôt songeur.

En effet le rapport volumineux, ancien et plutôt fameux, intitulé jadis le «*Journal des Jésuites*», raconte un curieux événement dont les nombreux détails étaient naturellement destinés à personne d'autres qu'aux autorités religieuses siégeant alors très dignement à l'intérieur des frontières territoriales de la vieille France.

Et c'est ainsi qu'on peut lire aujourd'hui, au chapitre de novembre de l'année du Seigneur 1665, une inscription qui porte la date du quinzième jour de ce mois et qui déclare textuellement ce qui suit :

«Le 15 un bâtiment arrive de Richelieu, qui nous apporte le corps du Père François du Peron mort le 10 au fort St-Louys le 13 de sa maladie. Mons. de Chambly, gouverneur de la place, me mande qu'il est mort en bon religieux, en la manière qu'il a vécu ; 5 soldats dès le soir ont apporté le corps dans un coffre de planche que Mons. Sorel gouverneur de Richelieu lui avait fait faire après l'avoir esté recevoir au bord de l'eau avec tous ses soldats sous les armes ; mais avons aussi appris qu'il l'a gardé toute la nuit avec des cierges allumés. Nous avons fait mettre le corps dans la Congrégation ; comme il était mort depuis 7 jours, on ne l'a point découvert.

«Le 16 nous sommes assemblés dans la Congrégation sur les neuf heures et demy du ma-

tin ; nous en sommes sortis processionnellement»,
et cetera.

Ainsi, à cette occasion, M. de Sorel avait bien
fait les choses et sa conduite remarquable avait été
dûment notée dans un document confidentiel qui
par une chance unique a survécu jusqu'à ce jour.

M. de Sorel ayant maintenant bonne réputation et du même coup bonne presse, il était normal
que dans ce même «Journal des Jésuites» l'on ait
inscrit, en date du 20 juillet 1666, une nouvelle
note au sujet cette fois du fort Sainte-Anne situé
au lac Champlain. En effet, des Français dont M.
de Chasy, neveu du marquis de Tracy, y auraient
été tués et d'autres faits prisonniers, «entre autres
M. de Leroles, cousin de M. de Tracy» qui était
le commandant en chef des troupes françaises
comme on le sait déjà. L'affaire était donc sérieuse et exigeait des mesures immédiates.

Aussi il fut décidé d'envoyer sans retard sur
les lieux, «en Nouvelle-Hollande et pour faire
plainte du coup arrivé..., un Onéiout accompagné
du sieur Couture».

Après quoi, en date du 24 juillet de l'année
1666, le même journal raconte à présent et avec
une évidente satisfaction que «le party de Mons.
Sorel sera environ de 200 français et de 80 à 90
sauvages ; ils doivent marcher 4 ou 5 journées
après Couture».

Puis «nouvelle arrive que Mons. de Leroles et
3 autres de sa troupe ont été amenés vifs».

Ce qui était sans doute considéré comme un
autre bon point en faveur de M. de Sorel.

D'ailleurs un peu plus loin, en date du 28 août de la même année, une nouvelle inscription faite à ce précieux journal donne des détails additionnels à propos de ce curieux incident de guerre.

« François Peltier arrive qui était allé avec Mons. de Sorel: il rapporte qu'à deux journées des Agniers, ayant rencontré le Batard Flamand» (qui était un métis hollandais — Agnier, devenu par la suite un des grands chefs iroquois et ennemi des Français)...» et 3 autres qui ramènent le sieur de Leroles, et cetera, ils reviennent tous avec eux sans passer outre; les sauvages sont picqués de ce qu'ayant pris le Batard, et cetera, on ne les a pas laissés à leur disposition.»

Mais nul doute que l'annonce de cette capture d'un grand chef indien, ennemi déclaré, et la surprenante délivrance du cousin Leroles par les bons offices de M. de Sorel ne pouvaient qu'être notées en haut lieu au bénéfice éventuel de celui qui s'était ainsi aventuré en plein territoire ennemi pour corriger ce qui semblait bien avoir été une grave injustice faite à l'endroit de l'un des nôtres.

Après toutes ces remarques louangeuses faites à l'adresse de M. de Sorel, tant par les autorités gouvernementales que par les rapports officiels rédigés par des membres du clergé, on ne peut guère s'étonner que ce bon capitaine de compagnie ait un jour décidé de jouer le tout pour le tout et de s'établir en permanence en notre pays. Ce qu'il fit d'ailleurs aussitôt après le licenciement des troupes expéditionnaires victorieuses qui avaient mené à bonne fin les tâches qu'on leur avait assignées lors de leur venue au Canada pour les raisons que l'on sait.

* * *

Cette décision de M. de Sorel de prendre ainsi racine en Amérique septentrionale devait naturellement l'amener peu après à ressentir le besoin de convoler, lui aussi, en justes noces. Ainsi, d'une chose à l'autre, l'ancien officier régimentaire en train de devenir un colon à titre régulier a donc, et dès octobre 1668, épousé Catherine, fille de Charles Le Gardeur de Tilly et de Geneviève Juchereau. Cette dernière famille était déjà en Nouvelle-France depuis un bon moment, et le père de Geneviève, seigneur de Maure, avait été mentionné au «*Journal des Jésuites*» comme porteur du dais aux processions du Saint-Sacrement.

Tout cela était sans doute très bien. Sauf peut-être que la belle Geneviève ne donna aucun enfant à son seigneur et maître.

* * *

Puis, encore une fois d'une chose à l'autre, et sans doute pour être logique avec lui-même et montrer qu'il avait de la suite dans les idées, l'intendant Jean Talon accorda à M. de Sorel la concession d'une seigneurie.

Après quoi il est encore révélé dans les chroniques de cette époque que le nouveau seigneur entreprit alors comme beaucoup d'autres de s'occuper du lucratif commerce des fourrures lesquelles étaient si bien appréciées par les connaisseurs européens. Mais, par ailleurs, cela n'empêcha pas M. de Sorel de manifester de l'intérêt pour la culture du sol, ce qui évidemment avait été le motif premier de l'octroi préalable d'un vaste domaine seigneurial. Un recensement sommaire de l'époque rapporte que déjà en 1681 il était devenu le fier propriétaire de 43 bêtes à cornes, ce qui à cette époque lointaine devait sûrement être considéré comme une belle réussite. De plus le même recensement porte encore à son crédit l'avoir additionnel de 68 moutons, 18 chèvres et une vaste étendue de terre défrichée d'une superficie d'au-delà de 150 arpents. Ce qui là aussi devait sans doute être considéré comme un résultat plutôt remarquable.

Par contre d'autres rapports ont également fait état que beaucoup de belles terres concédées à M. de Sorel étaient tombées en dépréciation, qu'elles étaient peu habitées, encore boisées et largement couvertes «d'une infinité de vignes sauvages», ce qui ne pouvait guère leur donner de la valeur. Comme quoi on peut souvent entendre d'autres sons de cloche à propos d'un même état de choses.

Néanmoins, et au crédit du nouveau seigneur, cela pourrait peut-être s'expliquer si l'on songe qu'à l'âge relativement mûr de 54 ans et, pour ainsi dire, à la toute veille de sa mort, M. de Sorel n'avait pas pour autant perdu le sens et le goût d'entreprendre des aventures vers des régions fort lointaines. En effet à l'été de 1682, il accepta sans hésitation d'accompagner Radisson, des Groseillers, La Chesnaye, et une trentaine d'autres compagnons de fortune, dans une expédition pleine de risques de tous genres qui devait conduire tout ce monde à un endroit aussi sauvage et aussi éloigné que la baie d'Hudson. Ce qui, là encore, devait certes être à l'époque et dans les conditions d'alors un tour de force qui ne pouvait passer inaperçu. Tout ce long trajet ne pouvait naturellement se faire qu'à pied ou en canots d'écorce construits sur place lorsque la chose devenait nécessaire.

Par la suite, M. de Sorel est revenu sain et sauf de cette audacieuse équipée pour aller mourir fort calmement à Ville-Marie à la fin de novembre de la même année 1682.

L'épilogue de tout cela fut que son épouse sans enfant allait lui survivre sans histoire durant environ cinq décennies additionnelles. Et la famille Sorel a fini par perdre ses droits à la seigneurie qui lui avait été concédée. Car, après une vente aux enchères organisée par la veuve, cet établissement passa, un jour de l'année 1713, à un autre grand nom de chez nous qui fut celui de Ramesay.

Ce changement de titulaire n'allait pas être le dernier. En effet vers 1781, le gouverneur général Haldimand se serait porté acquéreur de ce considérable emplacement en vue de procurer un refuge à des exilés new-yorkais qu'on appelait à présent des Loyalistes. De nombreuses familles anglaises installées depuis un bon moment dans des régions plus au sud, et soudainement en voie de devenir émancipées et «américaines», ont pour leur part choisi de demeurer de fidèles sujets de la Couronne d'Angleterre. Ce qui était évidemment leur droit le plus strict. Et ces gens ayant résolu de ne pas changer leur allégeance ancestrale ont refusé carrément d'accepter la récente proclamation d'«Indépendance» émise publiquement par les nouveaux États-Unis d'Amérique. Cela impliquait qu'ils n'avaient plus d'autre choix que de prendre le chemin de l'exil. Ce qui s'est alors fait en direction du Canada demeuré ouvert et hospitalier pour ces récents déracinés qui par principe avaient tout perdu.

Puis, d'une chose à l'autre, le nom de Sorel fut changé en 1792 en celui de William-Henry qui était le nom du prince, futur George IV de Grande-Bretagne et d'Irlande. Ce dernier était alors lui-même le frère du duc de Kent qui par la suite est devenu le père de la reine Victoria qui régna de 1837 à 1901. Un autre événement social qui ne pouvait certes pas passer inaperçu pour les gens de notre pays.

Mais par après, vers 1860, le nom de Sorel est revenu de nouveau à la surface, par suite d'un acte législatif, et les choses en sont restées là depuis lors.

N'empêche que ce qui a été dit précédemment peut donner une idée de la forte saveur historique qui demeurera sans doute pour toujours attachée à cette ancienne agglomération rurale de chez nous devenue peu à peu urbaine et même, depuis lors, fortement industrialisée.

* * *

Après cette succincte revue de ce qu'on pourrait appeler les origines de Sorel, il serait sans doute aussi utile d'examiner brièvement ce qu'aujourd'hui le visiteur de passage peut encore voir à cet endroit et qui rappellerait en quelque sorte le souvenir d'incidents qui ont pu autrefois se produire sur le territoire de cette vieille localité historique et toujours pleine de vie.

Quand on arrive à Sorel et qu'on se rend jusqu'aux environs du port de ce lieu, il devient assez facile de repérer l'emplacement de ce qui fut en août 1642 le vieux fort Richelieu. Ce dernier, d'abord érigé sur les instructions du deuxième gouverneur de la Nouvelle-France, M. de Montmagny, fut brûlé et détruit en 1646 puis reconstruit sur les ruines mêmes en 1665 par les bons offices du marquis de Tracy alors commandant en chef des troupes du fameux régiment de Carignan. Le commandement de cette nouvelle place forte fut alors confié au capitaine Pierre de Saurel qui avait lui-même été mis en charge de la dix-huitième compagnie de ce régiment de forces expéditionnaires. Par la suite, et un peu sans le vouloir, ce digne officier du roi a fini par donner son propre nom de famille à tout l'emplacement néo-urbain du voisinage, un état de choses qui a survécu jusqu'à ce jour.

Au fait, en continuant d'examiner les lieux on peut encore, avec un peu de patience, facilement localiser un petit monument pyramidal en vieilles pierres des champs dont la façade présente une grande plaque de bronze qui porte une inscription fort intéressante.

Fort Richelieu
Construit en bois de 13 août 1642 par
M. de Montmagny à l'embouchure de
la rivière ; fut reconstruit en bois à cet endroit
le 25 août 1665 par le capitaine
Pierre de Saurel.
Ce fut un poste important pour la défense
de la colonie contre les Iroquois.

Et, pour ceux que ce genre de choses intéresse, près de là, tout à côté de l'emplacement du
vieil hôtel Saurel, l'on peut également localiser
une autre plaque de bronze montée sur piquet et
qui à son tour informe les passants des faits sui-
vants :

Le 29 octobre 1672
La seigneurie de Sorel fut concédée
à Pierre de Sorel qui avait en 1665
érigé près d'ici le fort portant son nom.

Et, encore pour ceux que ça intéresse, on
pourrait ajouter ici que les deux plaques métalli-
ques ci-dessus ont été dans le temps installées par
les soins de notre Commission des monuments historiques qui, elle-même, ne semble plus exister.

Or, ces deux premières découvertes nous
ayant peut-être donné le goût de poursuivre ce
genre d'exploration, on peut alors revenir sur nos
pas jusqu'au site d'un joli petit parc public où l'on
remarque bientôt une autre inscription sur un troisième monument de pierre.

Je me souviens
Ce que les armes ont gagné
Le Travail et l'Intelligence le conserveront
1642-1942

Ce qui tout de même peut donner à réfléchir, car il s'agissait alors de célébrer dignement le troisième centenaire de Sorel. D'où l'érection de ce monument à l'intérieur de ce qui a été appelé le « Carré-Royal. »

En continuant notre lente promenade à l'intérieur du même parc public, on arrive à présent à un petit édifice religieux qui n'affiche aucune prétention et qui porte depuis fort longtemps le nom de Christ Church.

La construction de ce modeste temple remonte au mois d'août de l'année 1841. À cette époque les officiers et soldats des forces britanniques, alors stationnées à cet endroit, n'avaient pas d'église pour l'exercice de leurs pratiques religieuses. Lorsqu'un fort groupe de réfugiés loyalistes arrivèrent des États-Unis et vinrent s'ajouter aux résidants anglo-saxons déjà en place, il fut décidé qu'ils étaient à présent assez nombreux pour avoir leur propre édifice pour la pratique de leurs dévotions particulières.

Un bâtiment caractéristique fut donc érigé et par la suite consacré suivant l'usage et le rituel en même temps qu'un presbytère qui naturellement devenait alors nécessaire pour ce genre d'activité. Comme c'était la coutume à l'époque, le sous-sol de ce temple a servi comme lieu d'inhumation pour certains dignitaires dont, entre autres, Sir Ri-

166

chard Jackson qui fut par deux fois administrateur du gouvernement du Bas-Canada puis commandant en chef des troupes britanniques en mission en Amérique du Nord.

Si on a encore le goût de ce genre de choses, on arrive très vite en poursuivant l'exploration à la fort imposante église appelée Saint-Pierre-de-Sorel. C'était autrefois une vieille coutume de rendre hommage à des gens de mérite en leur attribuant une avenue, une construction, ou un emplacement alors désignés d'une façon publique et officielle par le prénom sanctifié de la personne que l'on voulait honorer.

Ainsi, au cours des années d'autrefois, on a eu la rue Saint-Paul, à Montréal, pour marquer le souvenir du fondateur Paul Chomedey de Maisonneuve. Puis Saint-Claude, dans le Vieux Montréal, pour en faire autant à l'endroit du gouverneur Claude de Ramesay, et encore Saint-Jacques pour Jean-Jacques Olier, curé et fondateur du séminaire de Saint-Sulpice, et de même Saint-Denis pour Denis-Benjamin Viger, un avocat et un tribun de chez nous qui est aussi, dans le temps, devenu un prisonnier politique, et cetera. De fort nombreux autres exemples du genre pourraient encore être cités.

On n'a donc pas à se surprendre que M. Pierre de Sorel ait, en son temps, obtenu lui aussi des marques de reconnaissance populaire qui ont alors fait attribuer son prénom sanctifié à la paroisse et à la plus importante église de la ville de Sorel.

On pourrait encore noter que l'église Saint-Pierre qui remonte à 1826, et la Christ Church anglaise plus modeste dont on a déjà parlé, ont toutes les deux été reconnues officiellement comme étant des monuments historiques. Ce qui doit sans doute être considéré comme une bonne note en notre faveur.

*　*　*

Si à présent on continue de se promener à l'aventure, en s'éloignant quelque peu du fleuve et du centre de la ville, on peut vite arriver au cimetière anglais du lieu où d'autres souvenirs fort anciens ne manqueront certes pas de nous intéresser tout autant que ce qui a été vu jusqu'alors.

On peut trouver là, et encore en bon état de préservation, le lieu de la sépulture et les vieux monuments funéraires érigés en l'honneur de deux hommes fameux, anciens patriotes dans les rangs des Canadiens, Robert et Wolfred Nelson.

D'abord, Robert Nelson.

Il naquit à Montréal en 1794, étudia en son temps la médecine et devint rapidement un célèbre chirurgien.

Élu député en 1827, il le demeura jusqu'en 1830, alors qu'il abandonna ce poste pour mieux s'adonner à sa profession. Mais il dut accepter un nouveau mandat en novembre 1834 qui se prolongea cette fois jusqu'à mars 1838.

Bien qu'il ne se mêlât pas d'abord aux Troubles de 1837, il fut cependant arrêté après l'aventure de Saint-Denis, mis en prison, puis relâché sous cautionnement. Cette arrestation inutile jointe aux rapports des mauvais traitements subis par son frère, le docteur Wolfred, l'incitèrent alors à passer aux États-Unis. Il y rencontra Papineau, Côté, Rodier, Davignon et environ 600 patriotes tous rendus en exil. Ces derniers étaient à présent armés ; Robert Nelson accepta en février 1838 de se mettre à leur tête pour revenir en force au Canada. Cela fait, il entreprit d'établir ses quartiers à Napierville assez près de la frontière puis il proclama publiquement l'instauration de la République canadienne dans une grande Déclaration comprenant pas moins de 18 clauses solennelles. Au fait Nelson lui-même devenait du même coup le premier président de ce nouvel arrangement politique. Mais, tout cela ayant été su, il fut bientôt pris entre deux feux et il dut s'enfuir pour retourner une fois encore aux États-Unis.

Néanmoins, l'affaire fut réorganisée sur une autre base plus prudente qui prit cette fois la forme d'une société secrète. Le groupe mystérieux s'appelait maintenant les Chasseurs ; il comportait pas moins de quatre degrés.

En novembre de l'année 1838, Robert Nelson s'avisa de retourner de nouveau à Napierville pour se mettre une fois encore à la tête des insurgés. Mais les patriotes volontaires venus de Chambly, de Verchères, de Saint-Charles, de Châteauguay, de Beauharnois ne trouvèrent point les armes qu'ils attendaient et bientôt tout ce monde commença à s'éparpiller rapidement bien que d'autres renforts arrivassent des États-Unis.

Nelson n'avait toujours qu'environ 700 combattants fort mal équipés lorsque le général John Colborne s'amena sur les lieux avec 8,000 hommes bien armés. La vaine confrontation dura près de deux heures. Il y eut des morts, des blessés, des fuyards. Et, devant l'inévitable, Nelson dut encore une fois reprendre en vitesse à travers champs la route des États-Unis.

À ce moment l'homme était ruiné et même accusé de haute trahison.

Pour simplement survivre il décida de retourner à sa profession de chirurgien et il pratiqua en Californie et surtout à New York où il s'éteignit en 1873 en laissant un fils.

Le monument de pierre qui rappelle son souvenir malheureux à Sorel dit simplement en des termes presque complètement effacés: « En mémoire de Robert Nelson, médecin, mort à Station Island, New York, le 1er mars 1873 à l'âge de 80 ans. »

C'est à vrai dire plutôt sommaire après toutes les aventures que l'homme avait connues.

* * *

Quant à Wolfred Nelson, il était lui aussi né à Montréal, mais deux années avant son frère Robert, c'est-à-dire en 1972, C'était le fils d'un officier de la marine anglaise et, comme Robert, il a opté pour la médecine. Il pratiqua sa profession à l'hôpital avec le résultat qu'à la déclaration de la guerre en 1812, il devint chirurgien-major dans les rangs de l'armée de notre pays.

Comme son frère il est aussi devenu député de 1827 à 1830. Mais dès lors il fut un partisan déclaré de Papineau et de ses idées nouvelles et il accompagna même le tribun populaire à la grande assemblée de Saint-Charles où il prôna ouvertement la résistance à main armée. En outre pour bien démontrer qu'il exprimait sa pensée véritable et qu'il n'entendait pas jouer sur les mots, bien qu'étant de langue anglaise, il se plaça résolument à la tête des Patriotes à Saint-Denis-sur-Richelieu et il conduisit ces derniers à la seule victoire militaire des Canadiens français à l'occasion des Troubles de 1837-1838.

Cependant, comme on le sait déjà, cette rébellion un peu trop spontanée a fini par tourner très mal. Aussi Wolfred fut bientôt arrêté, envoyé en prison, mis en jugement, expédié en exil en terre lointaine, une expérience nouvelle qui, pour lui, allait durer trois mois.

Quand il put être libéré, à l'automne de 1838, il remonta vers le nord des États-Unis et s'installa d'abord à Plattsburg pour pratiquer la médecine. Par la suite il revint à Montréal en 1842 quand les choses furent devenues plus calmes.

Preuve nouvelle que sa popularité n'avait aucunement diminué chez les nôtres, il fut, en 1844, élu député du comté de Richelieu et le demeura jusqu'en novembre de l'année 1851. Puis, pour comble d'ironie, il a alors été choisi président des inspecteurs des prisons de chez nous. Peut-être aussi qu'on était à présent assuré qu'il avait une bonne expérience personnelle en ce domaine.

Par la suite, comme pour marquer qu'il avait des talents fort diversifiés, il est même devenu maire de la ville de Montréal, poste qu'il occupa pour deux termes, de 1854 à 1856. Il profita alors de l'occasion pour créer de toutes pièces un Bureau de santé dont nous avions à l'époque un grand besoin et il fit en outre installer des cuisines publiques pour soulager un peu la misère des nouveaux immigrants arrivés au pays dépourvus de toutes ressources. Il s'appliqua également à instaurer une politique, jusque-là inconnue, de logements salubres et de salaires convenables pour les ouvriers déjà un peu trop exploités par des patrons fort ambitieux. Enfin il est devenu le champion des défenseurs du mont Royal et a même réussi à faire accepter l'idée que l'endroit devienne un grand parc public ouvert à tout venant. C'était jusque-là une propriété privée.

À la vérité cet homme extraordinaire était un peu en avant de son temps.

Après une vie aussi remplie, il mourut en 1863, soit dix ans avant son frère, mais non sans avoir trouvé le loisir de se marier et de laisser une postérité de sept enfants dont deux médecins, un journaliste, des négociants, une femme de juge, c'est-à-dire que tous ses descendants ont à leur tour laissé une réputation remarquable parmi nous.

Contrairement à ce qui s'est produit pour son frère Robert, l'inscription qu'on peut lire sur sa pierre tombale au cimetière de Sorel donne aux passants un aperçu plus détaillé des multiples activités que cet homme supérieur a entreprises et menées avec succès au cours de sa vie sur terre.

Cette inscription funéraire termine cet élogieux panégyrique en affirmant qu'il fut un honnête homme. Ce qui certes résume bien la situation et dit tout ce qu'il y avait à dire.

* * *

Pour donner si possible une idée additionnelle du dynamisme qui a sans cesse paru animer Sorel et ses habitants d'une génération à l'autre, l'on pourrait encore souligner que, malgré une population demeurée toujours dans des limites plutôt modestes, cette localité côtière a vu naître et survivre pour des périodes variables allant jusqu'à 25, 30, et même plus de 40 ans, pas moins de douze journaux qui tous ont laissé des marques et qu'au besoin l'on peut encore consulter. On pourrait par exemple citer le cas de quelques-unes de ces publications qui ont eu littéralement la vie dure et qui furent appelées «*La Gazette de Sorel*» qui tint le coup de 1857 à 1882, «*Le Sorelois*» qui en fit autant de 1882 à 1926 et «*Le Courrier de Sorel*» né en 1901 et qui réussit à tenir bon jusqu'en novembre 1931.

Il aurait été regrettable d'avoir passé sous silence un tel effort journalistique qui, à sa façon, nous aide lui aussi à mieux comprendre l'esprit remarquablement vigoureux de ce vieil établissement de chez nous.

* * *

Et, pour terminer cette courte randonnée à l'intérieur de la ville de Sorel, il serait peut-être intéressant de se rendre à présent à l'édifice ancien, mais encore fort habitable, qui fut autrefois le site de nombreux incidents historiques remontant aussi loin qu'à l'année 1781 et qui porte encore le nom symbolique de « maison des gouverneurs ».

Quand on arrive sur les lieux, on ne peut s'empêcher de remarquer que le côté de cette maison qui longe la route d'aujourd'hui n'est muni que d'une simple porte sans prétention aucune alors que l'autre côté du même bâtiment, qui cette fois fait face à la rivière, est orné d'une vaste galerie et de plusieurs ouvertures plutôt élaborées. Ce qui semble bien démontrer encore une fois que la façade réelle des constructions d'importance de jadis donnait en général sur un vaste terrain bien entretenu en bordure de la rivière avoisinante. C'était d'ailleurs, à l'époque, le moyen de communication le plus normal car les routes en terre étaient peu nombreuses et probablement compliquées à entretenir à cause des variantes reconnues de notre climat septentrional. On pourrait faire des remarques semblables à propos du manoir de Saint-Ours que nous venons tout juste de visiter et qui présente les mêmes caractéristiques.

Cette maison des gouverneurs est à présent un édifice public classé monument historique. Il semble donc être en général ouvert à tout venant intéressé à y faire une visite pour jeter un coup d'œil sur notre passé.

On apprend ainsi que ce château ou manoir fut terminé en 1781 et qu'au début le gouverneur Haldimand en a fait sa résidence d'été. Par la suite plusieurs personnages importants y ont séjourné dont, entre autres, le prince Edouard, fils de Georges III, frère cadet de Georges IV, devenu par la suite le père de celle qui serait la reine Victoria qui régna sur la Grande-Bretagne et les territoires de l'Empire de 1837 jusqu'à 1901, soit durant 64 années. Ce qui fut sans doute un événement qui n'a pu passer inaperçu.

Il ne faut donc pas s'étonner que chacune des pièces de cette prestigieuse habitation semble empreinte de souvenirs d'incidents notables du passé et cela inclut de jolis meubles, de vieux portraits, de nombreuses plaques commémoratives, et cetera.

À la vérité, l'une de ces tablettes officielles intitulée «La maison des gouverneurs» explique assez bien ce dont il s'agit.

«L'invasion américaine de 1775 avait de nouveau démontré l'importance stratégique de Sorel. Le général Haldimand acquit la seigneurie au nom de la Couronne en 1781 et y fit ériger cette résidence à l'intention du commandant en chef en temps de guerre. D'abord occupée par le général de Riedesel, cette demeure fut ensuite habitée, surtout comme maison d'été, par les gouverneurs Dorchester, Prescott, Dalhousie et Aylmer et par les commandants en chef... Le prince William Henry... y fut reçu en 1787.»

Ce texte est certes assez clair.

Il faut dire cependant que Frédéric Von Riedesel était né en Allemagne en 1738, qu'il étudia d'abord le droit, puis entra dans l'armée de son pays. Par la suite il se rendit en Angleterre pour y apprendre l'anglais et le français. Étant retourné en son pays, il devint le commandant d'une armée de plusieurs milliers de soldats professionnels. Puis d'une chose à l'autre, et comme cela se faisait assez régulièrement à l'époque, cette troupe de militaires de métier fut engagée au complet par la Grande-Bretagne pour aller combattre en Amérique du Nord. À ce moment l'Angleterre y éprouvait en effet certaines difficultés avec plusieurs de ses colonies en train de devenir indépendantes de la Couronne du Royaume-Uni.

Ce fut comme ça qu'un beau matin de l'année 1776, à l'époque de la déclaration d'Indépendance décrétée par les treize colonies voisines de notre pays, le général Von Riedesel s'amena au Canada. Il était alors à la tête d'une forte troupe composée de près de 6,000 hommes devenus de véritables mercenaires au service d'un employeur assez riche pour se payer une telle fantaisie.

Il y eut naturellement des hauts et des bas pour tout le monde durant ce mémorable conflit. Mais, à la fin, Riedesel fut autorisé à retourner chez lui en Allemagne sept années plus tard, soit en 1783.

Cependant, durant son séjour parmi nous, ce bon général allemand, devenu notre allié d'occasion, a fait des choses qui sont restées et qui nous ont littéralement marqués depuis lors.

Et c'est encore par une plaque-souvenir portant un texte rédigé en français, en anglais et en allemand qu'on peut apprendre les détails d'un autre incident du passé qui mérite certes d'être rappelé aujourd'hui.

Voici donc ce qu'on peut y lire.

1781

Dans cette maison le 25 décembre 1781, fut illuminé un arbre de Noël à la tradition allemande par le général Von Riedesel. Cet arbre de Noël est le premier du genre enregistré au Canada.

Le même texte écrit en anglais, puis en allemand, suit immédiatement après.

Et si à ce moment l'on a encore un peu de patience, et que l'on continue d'explorer les lieux, on peut tout de suite apercevoir, suspendu à un mur, un tableau très ancien qui semble décrire une séance de réception chez des gens très bien et qui tous ensemble paraissent être regroupés pour admirer un bel arbre de Noël installé au fond de la pièce. Ce tableau a visiblement été dessiné pour rappeler aux générations futures cette merveilleuse inauguration du premier arbre de Noël illuminé et placé solidement à l'intérieur d'une maison habitée de chez nous.

Ainsi cette plaque commémorative et ce remarquable tableau disent assez clairement ce dont il s'agit.

Sauf peut-être qu'il faudrait aussi savoir que le général Riedesel s'était marié en son pays avec une très jolie et très jeune femme peu de temps avant son départ pour l'Amérique. Et, comme l'officier militaire demeurait tout de même humain, le pauvre homme souhaitait, bien sûr, très fort avoir sa petite dame près de lui durant son service à l'étranger. Ce qui en somme était tout à fait normal. Tout le monde aura compris.

Mais la petite épouse était depuis toujours habituée à la vie de château. Aussi elle avait imposé

177

des conditions avant de s'embarquer dans une pareille aventure. Elle ne viendrait en Amérique, a-t-elle dit, que si on la laissait vivre comme elle était accoutumée. Et l'une de ces exigences fut naturellement qu'à Noël on lui offrirait un beau sapin tout illuminé.

Alors, comme il fallait s'y attendre, la gentille châtelaine un peu gâtée a eu le dernier mot et du même coup son arbre de Noël qui fut très admiré par tous les chanceux qui furent invités à la fête. Tant et si bien que la nouvelle de l'événement s'est aussitôt répandue comme une traînée de poudre. Bientôt tout le mnnde a voulu en faire autant. La pauvre chouette était alors loin de se douter qu'elle venait de faire naître parmi nous et à travers le monde un usage étrange et nouveau qui persiste à durer jusqu'à nos jours. C'est même vite devenu une industrie florissante qui, à présent, fait vivre beaucoup de monde et implique des sommes d'argent très considérables.

Comme quoi une cause toute modeste peut souvent entraîner des effets prodigieux. Surtout si, à l'origine, c'est une gentille petite femme qui a déclenché l'affaire.

9. Saint-Roch

Nous avons à présent atteint, selon toute apparence, le point culminant de notre projet de promenade le long de la rive du Richelieu.

Il serait donc temps de songer au retour qui deviendra si l'on peut dire une sorte d'épilogue à notre belle randonnée en rase campagne.

Or, pour revenir à notre point de départ, on pourrait naturellement voyager par la route qui longe les eaux du fleuve Saint-Laurent et ce jusqu'à notre arrivée à l'île de Montréal. Mais, pour voir du neuf et peut-être aussi découvrir de l'inédit, nous aurions sans doute intérêt à quitter la grande voie publique à la première occasion, en bifurquant à gauche pour, là encore, aller jeter un bref coup d'œil sur de gentils quoique modestes villages situés depuis un bon moment sur la rive gauche du Richelieu. À vrai dire on parle en général si peu de ces endroits charmants que plusieurs ne sont même pas mentionnés dans les fascicules officiels de tourisme publiés par le gouvernement de notre province. Ce qui peut paraître difficile à expliquer pour le commun des mortels.

Les voyageurs peuvent également revenir sur leurs pas en prenant à nouveau le chemin déjà parcouru et cela, encore une fois, jusqu'à Saint-Ours. Puis rendu là, on peut prendre le petit bac local qui permet de traverser rapidement la rivière en direction du village de Saint-Roch-de-Richelieu. Ce nouvel endroit deviendrait ainsi la prochaine localité que nous aurions sans doute avantage à examiner d'un peu plus près pour voir s'il n'y avait pas, là encore, des choses intéressantes à découvrir.

En effet, avec un peu de patience et de recherche, l'on apprend bientôt que le territoire devenu avec le temps la paroisse de Saint-Roch appartenait auparavant à ce qui s'appelait l'Immaculée-Conception-de-Saint-Ours et faisait ainsi partie de la vieille seigneurie de Saint-Ours principalement centrée sur l'autre rive depuis la concession accordée autrefois par Jean Talon. De plus, l'emplacement de Saint-Roch n'aurait été effectivement érigé d'une façon canonique qu'en février 1859, ce qui semble bien indiquer une origine relativement récente.

Quant au nom même de Saint-Roch il aurait, paraît-il, été dû au fait qu'un descendant du premier seigneur Pierre de Saint-Ours, ci-devant du régiment de Carignan, aurait dans le temps porté le prénom de Roch et serait depuis lors, et pour diverses raisons, considéré comme le fondateur véritable de la nouvelle paroisse succursale, c'est-à-dire littéralement une église qui supplée à l'insuffisance de l'église paroissiale.

En outre on a déjà vu, comme par exemple dans le cas de Saint-Pierre-de-Sorel et d'ailleurs, qu'il était de coutume chez nous d'attribuer à un édifice, une avenue, ou un emplacement nouveau, le prénom sanctifié d'un personnage que l'on se proposait d'honorer d'une façon un peu particulière.

Dans le cas de Saint-Roch-de-Richelieu, l'on pouvait ouvertement soutenir qu'on avait quatre fois raison d'agir ainsi. Il n'y eut pas un unique Roch de Saint-Ours, comme on serait porté à le croire, descendant direct du légendaire seigneur Pierre de Saint-Ours, mais bien précisément pas moins de quatre ayant porté un tel prénom. Et cela, naturellement, rendait d'autant plus justifiable l'application de cette ancienne coutume savoureuse et sanctifiante.

Le fondateur de cette lignée seigneuriale de chez nous se nommait *Pierre de Saint-Ours* et tout indique qu'il aurait vécu de 1643 à 1724.

Puis est venu un fils du précédent, le quatrième de onze enfants, qui fut connu sous le nom de *Pierre chevalier de Saint-Ours* et devint avec le temps capitaine, chevalier de Saint-Louis, lieutenant du roi. À son tour ce seigneur a vécu de 1673 à 1750.

Ensuite, pour assurer la lignée, arriva un neveu qui lui aussi fut militaire, capitaine et également chevalier de Saint-Louis. Il vécut de 1712 à 1782 et porta le nom de *Pierre-Roch de Saint-Ours*. Ce dernier était alors le cinquième d'une famille de huit enfants appartenant à Jean-Baptiste de Saint-Ours qui portait également le titre additionnel de seigneur d'Eschaillon. Pierre-Roch prit part à de nombreuses campagnes de son époque qui coïncidait avec la guerre de Sept Ans et la fin du régime français en Amérique. Il le fit d'ailleurs avec distinction et ses services lui méritèrent l'octroi d'honneurs. Ce qui, après la cession de la colonie à l'Angleterre, l'amena à être appelé, par le gouverneur anglais Carleton, à siéger au nouveau Conseil législatif, un geste officiel qui faisait bien voir que ses talents personnels ne passaient pas inaperçus.

Et encore avec le temps et toujours pour continuer la lignée familiale est venu *Paul-Roch de Saint-Ours* de l'Eschaillon, fils du précédent, qui naquit en 1747 et est décédé en 1814 après avoir été militaire, membre du Conseil législatif, et seigneur de l'Assomption.

Charles-Louis Roch, seigneur de Saint-Ours, était le fils cadet de Pierre-Roch, qui vécut de 1753 à 1834 et devint avec les années officier de l'armée, lieutenant de la compagnie de M. de Rouville, lieutenant-colonel des milices de Chambly, aide de camp du gouverneur et finalement lui aussi Conseiller législatif, un poste qu'il occupa jusqu'à son décès.

Enfin, pour terminer cette liasse de Roch, il y eut encore *François-Roch*, seigneur de Saint-Ours, fils de Charles-Louis Roch, qui vécut de 1800 à 1839. François-Roch devint aide-major, ayant été nommé à ce poste par le gouverneur Sherbrooke pour le comité de Richelieu, et il le demeura durant six années, puis il a été, à son tour, appelé à siéger au Conseil législatif. Soudain on lui offrit la

182

charge de shérif de Montréal, un poste qu'il refusa d'abord, mais qu'après des sollicitations pressantes et officielles il finit par accepter.

* * *

Une autre vieille tradition également attachée à cet endroit raconte encore qu'un seigneur Roch de Saint-Ours aurait non seulement donné le terrain nécessaire à la paroisse en train de naître, mais qu'en outre, il aurait fourni la charpente de la future église en voie d'être construite. La pierre angulaire aurait alors été bénite par Mgr Prince en 1861 et l'édifice nouveau aurait été ouvert au culte pour Noël de cette même année.

Tout cela devenait certes bien suffisant pour que le nom de Roch soit par la suite honoré publiquement et d'une façon permanente. Ce qui d'ailleurs a été fait et a continué d'être jusqu'à ce jour, même si l'on n'est pas trop renseigné sur la place exacte qu'aurait occupée ce dernier Roch, généreux donateur, dans l'échelle généalogique de cette vieille famille seigneuriale. Car François-Roch serait mort en 1839 et n'aurait alors laissé que trois filles, soit Louise-Hermine née en 1834 et décédée sans alliance en 1900, Caroline-Virginie née en 1835 et mariée en 1868 à Alexandre-Edouard Kierskowski, veuf de Louise Debartzch, et enfin Henriette-Amélie née en juillet 1837 et mariée en 1863 à Joseph-Adolphe Dorion, notaire. C'est d'ailleurs cette dernière qui a depuis continué la lignée des Saint-Ours.

* * *

Les traditions et les légendes ont souvent tendance chez nous à en faire naître de nouvelles qui finissent par s'enchevêtrer les unes avec les autres au point qu'à la longue tout devient fort intéressant même si c'est parfois un peu difficile à déchiffrer.

Il est dit encore aujourd'hui qu'en plus de perpétuer le souvenir du prénom de Roch, la future église de Saint-Roch, construite sur l'autre rive du Richelieu, devait être pourvue d'un clocher lequel serait centré sur la fenêtre principale de la grande chambre installée à l'étage du vieux manoir seigneurial de Saint-Ours. De cette façon, au lever du jour, le seigneur ou quelqu'un d'autre qui aurait occupé cette pièce durant la nuit précédente, pourrait voir en se levant la scène imposante du lointain clocher de l'église de Saint-Roch parmi les grands arbres du voisinage. Comme quoi les nôtres n'ont certes jamais manqué d'imagination et de suite dans les idées, même si de tels gestes pouvaient surprendre des gens non initiés à nos façons particulières de voir les choses.

De toute manière, et quoi qu'il en soit de cette autre gentille légende, il n'en reste pas moins qu'il est aujourd'hui exact que, lorsqu'on regarde par la fenêtre de cette chambre principale du vieux manoir de Saint-Ours, c'est bien le clocher de l'église de Saint-Roch qui occupe le centre du paysage qui s'étale sous nos yeux et l'on est alors forcé de conclure qu'il doit y avoir eu là plus qu'une simple coïncidence. Et le spectacle nous laisse songeur.

* * *

La décoration intérieure de ce temple aurait été exécutée par Napoléon Bourassa, l'artiste réputé de chez nous, qui a fait partie d'une grande famille laquelle a laissé au pays des traces fort remarquables que tous connaissent. Il est peut-être malheureux, cependant, que lorsqu'on visite l'intérieur de cet édifice d'une belle apparence, on ne trouve guère d'indices visuels pouvant indiquer aux passants le nom de celui qui aurait été autrefois l'auteur de cette décoration gentille et fort simple. Mais enfin celui qui a fait cet ouvrage sans prétention n'a peut-être pas voulu insister pour qu'on le reconnaisse dans le travail qu'il a légué aux siens des générations à venir.

Toutefois, si c'est bien Napoléon Bourassa qui a créé ce déploiement décoratif présenté aujourd'hui en toute simplicité et sans trace d'ostentation ou d'insistance personnelle, il n'en serait pas moins le même homme qui a eu pour élève nul autre que Louis-Philippe Hébert reconnu à juste titre comme notre sculpteur national, devenu à son tour l'un de nos plus grands artistes et le créateur d'une série de monuments d'envergure comme, par exemple, celui de Paul Chomedey de Maisonneuve érigé à la Place d'Armes en 1905, et aussi ceux d'Edouard VII, d'Octave Crémazie, des évêques Bourget et Laval et de plusieurs autres, tous d'ailleurs fort remarquables.

Comme quoi une simple visite de routine dans un petit village de la campagne de notre voisinage peut permettre de rappeler des souvenirs susceptibles d'encourager par la suite ceux qui voudraient, eux aussi, laisser quelque chose de valable pour inspirer et inciter au travail les générations futures.

Au fait, Bourassa lui-même a atteint en son temps une solide réputation comme dessinateur, décorateur, architecte, peintre et également homme de lettres. Il a, en effet, participé à la fondation de la « *Revue Canadienne* » et a aussi produit des écrits d'imagination tels que « *Jacques et Marie* » en 1866, « *Nos grands-mères* » en 1887 et plusieurs autres ouvrages du même genre. Mais cet homme de talent s'est surtout appliqué à reproduire des paysages, des portraits et des tableaux présentant un caractère religieux. Il reste encore, par exemple, de telles œuvres dans l'édifice public appelé la chapelle de Notre-Dame-de-Lourdes à Montréal et également dans la chapelle des Dominicains installés dans la ville de Saint-Hyacinthe.

Avec le temps sa réputation s'est répandue au loin, même hors des frontières de notre pays, au point qu'il fut un jour appelé à aller faire de la décoration intérieure dans des édifices du même genre jusqu'en Nouvelle-Angleterre. Ce qui devait certes signifier une sorte de consécration internationale pour un talent bien de chez nous.

On ne peut guère être surpris lorsqu'en voyageant dans les parages, on entend dire qu'une rumeur circule présentement dans la région à l'effet que le cas de l'église de Saint-Roch-de-Richelieu est à l'étude dans le but d'établir si cet emplacement ne pourrait pas être bientôt classé officiellement comme un monument historique. Et alors cette construction originale deviendrait aussi partie intégrante de notre avoir national. Mais cela ne regarde en fait que certains organismes publics qui seuls peuvent se pencher patiemment sur un pareil problème et prendre une décision finale à propos de cette matière.

* * *

Malgré le ton plutôt élevé de ce qui précède, des visiteurs renseignés, et au tempérament plus pratique, pourraient fort bien en nous accompagnant nous ramener au sens des cruelles réalités matérielles de l'existence. Ils s'empresseraient alors de nous interrompre dans nos charmantes rêveries pour nous faire remarquer que c'est précisément ici entre Saint-Roch et Saint-Ours qu'il a fallu un jour recourir à la science du génie civil afin, nous dira-t-on, d'ériger une sorte de mini-barrage, ou digue, garni d'une véritable écluse. Ce travail matériel d'envergure serait avec le temps devenu nécessaire dans le but, nous expliquera-t-on, de maintenir en permanence la hauteur de l'eau du Richelieu à un niveau convenable pour fins de navigation, et cetera, et cela jusqu'au village de Chambly Bassin situé à plusieurs milles en amont de ce cours d'eau.

Mais ce sont certes là des choses fort terre à terre auxquelles, dans une pareille tournée hautement touristique, il ne faut pas s'attarder trop longtemps.

* * *

De pareilles considérations peu surnaturelles pourraient par contre amener d'autres bonnes gens, à l'esprit tourné vers les choses offrant un caractère plus fervemment mystique et enclin aux traditionnelles pratiques de dévotion, à nous faire sur un ton un peu mélancolique des remarques d'un tout autre genre. On nous rappellerait, par exemple, qu'il fut un temps pas tellement éloigné où les nôtres s'appliquaient à psalmodier avec beaucoup d'évidente ferveur les nombreux versets des pieuses litanies dédiées au bon saint Roch. On faisait ainsi un appel direct à l'intervention de ce puissant personnage de l'au-delà. Et l'on demandait ouvertement que par son intercession personnelle, nous soyons tous préservés de la peste et autres maladies contagieuses. C'était alors de grandes calamités publiques que les nôtres d'autrefois redoutaient entre toutes. Car il ne paraissait pas encore exister de remèdes connus pour combattre ces fléaux avec efficacité, d'où la panique généralisée chez le peuple.

Or c'est en récitant à nouveau ces longues et laborieuses litanies de jadis qu'on peut aujourd'hui mieux comprendre l'état d'esprit d'une époque maintenant révolue de chez nous et le rôle mystérieux et traditionnel qui pouvait alors être rempli par le pieux et puissant saint Roch.

Ce patient thaumaturge y était ainsi appelé le fidèle serviteur du Seigneur, l'amateur et le défenseur de la croix, l'ennemi de la vanité du monde, le miroir de la pénitence, le prodige de la patience, l'exemple de la piété, le modèle de toutes les vertus, le consolateur des affligés, le refuge des malades, le soutien des infirmes, le secours des misérables, le puissant patron contre l'horrible fléau de la peste, le protecteur des fidèles, et cetera.

Il aurait fallu que le bon saint Roch eût le cœur bien dur pour ne pas se laisser toucher et fléchir par d'aussi ferventes invocations surtout aux environs de sa fête patronale qui pour les diocèses de France et du Canada avait été fixée au 18 août, comme une fête « double » devant être célébrée avec ornements blancs.

Après cette chaleureuse déclinaison de titres exotiques et aussi remarquables, qui ne pouvait certes tomber dans l'oreille d'un sourd, les suppliants se faisaient, si possible, encore plus pressants dans leurs exhortations et ajoutaient à présent à ciel ouvert, et à voix encore plus forte, des appels directs nettement irrésistibles comme ceux qui suivent:

> « *Par la grande vénération que vous aviez pour les saints anges,*
> *Nous vous prions, secourez-nous,*
> *Par votre pieux pèlerinage*
> *Par la sévérité de votre vie pénitente...*
> *Par vos veilles et vos jeûnes...*
> *Par vos travaux continuels...*
> *Par la profonde humilité avec laquelle vous secouriez les malades,*
> *Nous vous prions, secourez-nous.*
> *Par l'admirable patience avec laquelle vous avez enduré la terrible maladie de la peste...*
> *Par tous vos mérites,*
> *Exaucez-nous, pauvres pécheurs.*

Nous vous prions d'être notre intercesseur
pour obtenir le pardon de nos péchés et la dé-
livrance de nos maux,
Exaucez nos prières.
Qu'il vous plaise de préserver les fidèles, qui
vous invoquent dévotement, d'une mort subite
et imprévue,
Exaucez nos prières.
Qu'il vous plaise de détourner de nous la co-
lère du Ciel et ses fléaux, la peste, la famine
et la guerre...
Qu'il vous plaise par votre intercession d'ar-
rêter le bras de l'ange exterminateur et de
conserver les fruits de la terre...
Qu'il vous plaise d'implorer la miséricorde cé-
leste pour les âmes du purgatoire afin qu'elles
obtiennent le repos éternel,
Exaucez nos prières. »

Ces supplications ardentes étaient suivies de nouvelles et multiples invocations adressées aux puissances de l'au-delà.

Or tout cela était dit et répété avec ferveur par les nôtres afin :

« *Que contre les attaques de nos ennemis,*
Que l'ennemi de notre salut ne triomphe pas
de nous,
Et que les ruses de l'esprit de la malice ne
nous deviennent point funestes,
Et que nous ne soyons pas punis en propor-
tion de nos iniquités et de nos crimes. »

* * *

190

Le laborieux exercice de litanies qui précède se passe évidemment aujourd'hui de commentaires. Mais ce court rappel peut tout de même aider la génération présente à regarder avec un œil plus sympathique, sinon nostalgique, nos anciens qui autrefois, et sans qu'il fût de leur faute, ont vécu dans un climat intellectuel difficile à apprécier de nos jours et presque même impossible à comprendre.

Car il faut y songer deux fois avant de vouloir jeter allègrement et avec désinvolture la pierre aux autres qui, à l'époque, n'en savaient pas davantage.

* * *

Il n'en reste pas moins qu'une très vieille tradition nous rapporte que saint Roch serait né à Montpellier, en France, en 1295 et qu'après beaucoup d'aventures au loin, il serait revenu pour y mourir en 1327, soit à peine âgé de 32 ans. On raconte encore à son sujet qu'étant devenu orphelin à l'âge de quinze ans, il serait parti en pèlerin vers l'Italie et autres lieux du genre, et que partout sur sa route il se serait spontanément et sans entraînement préalable appliqué à soigner les pestiférés et autres grands malades. À la fin, il aurait attrapé lui-même la maladie, ce qui l'amena à revenir en France. Or, à son retour, on ne le reconnut pas. Il fut même pris pour un ennemi ou un espion déguisé et jeté bientôt en prison dans sa ville natale. À cause de son état de santé précaire, il ne tarda pas à tomber sérieusement malade au point que, peu après il est décédé. Il quitta alors, et sans doute pour toujours, cette vallée de larmes pour aller recevoir la récompense posthume qu'il avait certes bien méritée, au moins dans l'au-delà.

Mais il a vite été su partout que, durant sa courte existence en ce bas monde, Roch s'était presque uniquement intéressé gratis aux grands malades abandonnés. Il s'ensuivit à l'époque que bientôt le peuple l'adopta comme le patron efficace de tous ceux qui étaient atteints du terrible mal de la peste lequel demeurait toujours indéchiffrable. D'où les nombreuses invocations promptement créées à son intention pour qu'il intervienne et intercède personnellement et sans retard auprès des puissances célestes lorsque survenaient des épidémies. Car autrefois, ces dernières étaient fréquentes et guère combattues avec succès, les moyens utiles de résister au mal étant à peu près inexistants, du moins jusqu'à une époque plus aventureuse et toute récente.

Des croyances populaires additionnelles sont venues se greffer sur les curieuses aventures passées de ce tout jeune pèlerin devenu, sans le vouloir, une sorte d'infirmier itinérant, tout usage, et le plus fiable de tous. Au fait, ils devaient être peu nombreux ceux qui, à ce moment, s'appliquaient avec assiduité à une pareille tâche aussi ingrate. Et, comme il vivait toujours seul et en ermite, une autre légende s'est également répandue racontant que, chaque jour, c'était un chien anonyme du voisinage qui, sans explication, lui apportait du pain. Car, sans cela, le pauvre jeune homme serait sans doute mort de faim avant son temps. Ce qui lui est d'ailleurs arrivé.

D'où il s'explique qu'on peut voir encore aujourd'hui les multiples images de saint Roch qui l'ont en général, par la suite, représenté habillé en pauvre pèlerin en train de soigner des malades sur lesquels il se penche, et il est d'ordinaire accompagné d'un gros chien fidèlement installé à ses côtés. Les choses en sont même venues au point qu'après beaucoup d'autres, le grand Rubens lui-même a cru bon de représenter, lui aussi, un saint Roch, patron des pestiférés, une œuvre charmante qu'il a destinée à une église de Belgique. Plusieurs grands artistes du passé se sont également sentis poussés à en faire autant. D'où les nombreuses versions qui nous ont été données des exploits légendaires de ce personnage plutôt intrigant qui a vu le jour en France, il y a près de 700 ans.

Au fait, l'une des plus fameuses églises de Paris porte le nom de Saint-Roch. Elle est magnifiquement située rue Saint-Honoré dans le premier arrondissement. C'est un peu à cause de la présence de ce mémorable édifice que la France a connu, il y a deux siècles, le glorieux régime du Consulat, après la terreur de la Révolution. Sur les marches de cette église, le jeune officier corse, Napoléon Bonaparte, a fait mitrailler méthodiquement la populace en désordre qui voulait s'insurger contre le régime politique alors établi et, en apparence, solidement en place. Du moins il nous faut reconnaître qu'avec quelques variantes il existe jusqu'à ce jour et semble vouloir encore durer pour un bon moment.

* * *

Tout cela peut sans doute expliquer pourquoi un certain nombre de nos bonnes gens ont éprouvé un sérieux malaise lorsqu'en mai de l'année 1969 un décret formel et immédiatement exécutoire nous arriva d'aussi loin que l'Europe méditerranéenne pour nous annoncer, sans avis préalable, que le bon et multi-séculaire saint Roch venait tout juste de perdre son rang, donc son prestige, dans la liste des personnages anciens jusque-là reconnus comme dûment canonisés et susceptibles de recevoir publiquement nos hommages occasionnels. Cela a naturellement eu pour triste effet de mettre en veilleuse tous ces magnifiques élans des nôtres qui, en général, n'aiment guère laisser tomber comme ça des traditions auxquelles ils ont fini par s'accoutumer et auxquelles avec le temps ils sont devenus très attachés. Comme sans doute l'ont été autrefois les résidants parisiens de l'ancien Faubourg Saint-Honoré, les paroissiens de la vieille église Saint-Roch qui existe encore.

Pas moins d'une dizaine de Saint-Roch de chez nous, incluant une variété d'œuvres pies et de nombreux et admirables organismes officiels y attachés, se sont vus rayés sommairement du palmarès reconnu de nos patrons préférés avec tous les tracas de conscience qu'une pareille décision d'un très lointain extérieur a pu engendrer au sein de la foule docile de nos petites gens peu préparés pour ce genre de cataclysme assurément irréparable.

Et ici, pour ceux qui sont toujours friands de détails quand on parle de ces choses, on pourrait faire une brève revue, même si forcément incomplète, des nombreux organismes de chez nous qui furent frappés dans leurs œuvres vives par ce décret d'extinction instantanée qui nous est arrivé un jour de très loin, comme ça, et sans crier gare!

En sus du cas typique de Saint-Roch-de-Richelieu, il y en eut évidemment beaucoup d'autres semblables qui, jusque-là en toute innocence, s'appelaient par exemple Saint-Roch-de-Québec, Saint-Roch-d'Orford, Saint-Roch-de-Témiscamingue, Saint-Roch-de-l'Achigan, Saint-Roch-de-Mékinac, Saint-Roch-des-Aulnaies, Saint-Roch-d'Outremont, et cetera. Et encore, également, un grand nombre de maisons d'appartements, des hôpitaux, des villages, des municipalités, des magasins de variétés, ou de cinq, dix, et quinze cents, des commerces ordinaires genre Meat Market, des pâtisseries et autres boutiques de provisions diverses incluant même de fort populaires échoppes de pizzeria tous portant avec fierté le beau nom de Saint-Roch.

Il y a eu aussi les milliers de nos braves et paisibles concitoyens qui, depuis toujours, portent fièrement le beau prénom ou nom de famille de Roch et qui se demandent peut-être à présent quoi faire et où donner de la tête pour rectifier cette impasse imprévue dans leur être le plus intime.

Quelque quarante autres saints fort populaires chez les nôtres depuis des générations, comme bons patrons et bonnes patronnes ont connu un même sort.

Saint-Georges-de-Beauce, Saint-Georges-de-Champlain, Saint-Georges-de-Gaspé, Saint-Georges-de-Windsor, Saint-Georges-Ouest, Saint-Georges-de-Longueuil.

Saint-Hippolyte-de-Terrebonne.

Saint-Janvier-d'Abitibi, Saint-Janvier-de-Terrebonne.

Sainte-Justine-de-Dorchester, Sainte-Justine-de-Vaudreuil et Sainte-Justine, l'hôpital fort respectable du même nom, dans notre métropole, qui s'occupe principalement de l'enfance malade.

Sainte-Lucie-de-Montmagny, Sainte-Lucie-de-Terrebonne.

Sainte-Marguerite-de-Compton, Sainte-Marguerite-de-Dorchester, Sainte-Marguerite-du-Saguenay, Sainte-Marguerite-de-Terrebonne, Sainte-Marguerite-du-lac-St-Jean, Sainte-Marguerite-de-Matapédia, Sainte-Marguerite-Station, la suave sainte Martine et l'inoffensif saint Modeste qui avec son ami Crescence éduquèrent le jeune Vit, les trois étant par la suite martyrisés sous Dioclétien dont, dit la tradition, ils avaient guéri la fille. L'ingratitude !

Saint-Nicolas-d'Ahuntsic et Saint-Nicolas-Station près de Lévis, un emplacement modeste qui aurait dû mériter un meilleur sort. Car cette localité n'avait fait de mal à personne.

Le célèbre Saint-Paul-l'Ermite, plus que centenaire, Sainte-Praxède-de-Frontenac et Sainte-Prudentienne-de-Shefford, rappelant les noms de la fille d'un sénateur romain et de sa sœur décédée à l'âge de seize ans, également bannis à jamais du palmarès canonique.

Saint-Placide-de-Charlevoix-Ouest et également Saint-Placide-des-Deux-Montagnes.

Sainte-Sabine-de-Bellechasse et Sainte-Sabine-de-Missisquoi.

Sainte Suzanne, un prénom fort populaire chez les nôtres, tout comme d'ailleurs celui de sainte Symphorosa qui a été également bannie du palmarès sans avis préalable.

Sainte-Thècle-de-la-Mauricie.

Sainte-Ursule-de-Mastigouche, en l'honneur de la bonne patronne des Ursulines.

Saint-Venant-de-Compton, et aussi l'évêque français saint Vivien sommairement exclu.

*   *   *

Saint-Alexis-de-Bonaventure, Saint-Alexis-de-Maskinongé, et Saint-Alexis-de-Montcalm.

Sainte-Anastasie-de-Mégantic.

Saint-Boniface-de-Saint-Maurice, en l'honneur de Boniface autrefois de Tarse, décapité sous Dioclétien et aussi Saint-Boniface, ville du Manitoba fort importante pour les nôtres.

Sainte Barbara, patronne des artilleurs, des maçons et des fossoyeurs.

Saint Christophe, le protecteur aux multiples talents.

Saint Chrysogone, un martyrisé qui était fêté le 24 novembre.

Saint-Cyprien-de-Dorchester et Saint-Cyprien-de-Rivière-du-Loup.

Saint-Eusèbe-de-Témiscouata et Saint-Eustache, Deux-Montagnes.

Sainte-Elizabeth-du-Lac-Saint-Jean-Ouest, Sainte-Elizabeth-d'Arthabaska et Sainte-Elizabeth-de-Joliette.

Saint-Félix-d'Abitibi, Saint-Félix-de-Kinsey, Saint-Félix-de-Valois et Saint-Félix-d'Otis, et finalement Sainte-Flavie, porte cochère permettant l'accès à notre Gaspésie unique en l'honneur de la sainte jusque-là dûment fêtée le sept de mai de chaque année.

Or tout cela avec les sept Saint-Roch déjà mentionnés donnent un total de près de soixante-dix institutions diverses, reconnues chez nous depuis fort longtemps et qui furent ainsi atteintes et dès lors sérieusement affectées. Ce qui demeure tout de même assez impressionnant.

*   *   *

Cette liste est sûrement incomplète. Mais tous ces sympathiques et augustes personnages anciens ont ainsi subi le triste sort d'une extinction immédiate avec les embarras de conscience qu'une telle radiation a sans doute causés à un grand nombre des nôtres. Surtout dans le cas de ceux dont les noms furent employés plus souvent ce qui impliquait, bien sûr, qu'ils étaient devenus fort populaires parmi nous depuis un bon moment.

Franchement l'affaire a été, sans doute, fort chagrinante pour beaucoup de nos concitoyens et méritait d'être mentionnée, comme ça, sommairement.

Au moins une fois depuis le temps.

10. Saint-Antoine

Saint-Antoine-sur-Richelieu, comme d'ailleurs Saint-Roch-sur-Richelieu, que nous venons tout juste de visiter, a lui aussi connu cet honneur un peu spécial de n'être pas inclus comme site intéressant à voir dans les fascicules officiels d'information touristique préparés par le gouvernement de notre province pour le bénéfice de ceux qui aiment à voyager un peu en dehors des habituels sentiers battus.

Il s'agit là d'une très vieille paroisse de chez nous dont les registres de l'état civil remontent en fait jusqu'à l'année 1741. Il y a même eu un curé y résidant à partir de 1750. Cela veut donc dire une bonne décennie avant la fin du régime colonial français et quelque cent neuf ans avant la fondation de Saint-Roch, la paroisse immédiatement voisine et plus au nord. Cette dernière n'a été en effet érigée comme entité civile et canonique distincte qu'en 1859 comme on le sait déjà. De plus, on rapporte que la présente église de Saint-Antoine aurait été construite en 1779, ce qui lui donne ainsi un âge plutôt respectable.

Pour ajouter à l'intérêt que présente ce lieu, il faut encore rappeler que le territoire qui constitue aujourd'hui ce qui se nomme Saint-Antoine fut lui-même au départ détaché de la paroisse Sainte-Trinité-de-Contrecœur en bordure du fleuve Saint-Laurent et dont les registres de l'état civil, pour ce dernier endroit, remontent jusqu'à l'année 1668, c'est-à-dire près d'un siècle encore plus loin dans notre passé et presque au début du régime colonial français en Amérique du Nord. Ce qui imprime certes un cachet historique fort remarquable à toute cette magnifique région du voisinage montréalais. Pendant qu'on est sur ce sujet, on pourrait ajouter pour ceux qui aiment ce genre de détails que l'entité géographique appelée Contrecœur fut d'ailleurs au départ, et comme beaucoup d'autres, une seigneurie concédée libéralement au sieur de Contrecœur. Ce dernier, capitaine de son état, a commandé la septième compagnie qui a alors porté le propre nom de sa vieille famille issue de France. Ses adjoints immédiats furent le lieutenant André Jarret, sieur de Beauregard, et le sous-lieutenant François Jarret, sieur de Verchères, des noms que tous auront immédiatement reconnus parce qu'ils sont fort populaires chez les nôtres depuis un bon moment.

Contrecœur devait plus tard faire beaucoup parler de lui dans cette région. Ce militaire, devenu pionnier et laboureur, se nommait à la vérité Antoine Pécaudy, sieur de Contrecœur. Et ainsi lorsqu'une partie du territoire de Sainte-Trinité-de-Contrecœur fut détachée pour former une autre paroisse, et qu'il a alors bien fallu trouver un nom distinct pour ce nouvel arrangement géographique, il fut suggéré de choisir le nom de Saint-Antoine tout de suite adopté. De la sorte, et comme dans les cas voisins de Pierre de Sorel ou encore de Roch de Saint-Ours, l'on rendrait un hommage posthume et durable à Antoine Pécaudy en donnant ainsi son prénom sanctifié à la paroisse naissante de cette vieille région.

Et cela a fait naître Saint-Antoine-sur-Richelieu. D'ailleurs, si l'on avait eu besoin de justification additionnelle, on aurait pu faire valoir que le propre fils du premier seigneur Pécaudy de Contrecœur, et le continuateur de la lignée de cette honorable famille, portait lui aussi le nom d'Antoine. Ce qui ne pouvait que simplifier les choses et rendre encore plus plausible un pareil choix patronymique.

Ainsi le problème d'identification était résolu et tous les intéressés se montrèrent bien contents.

Au fait, cette vieille et curieuse manie de donner à tout propos aux nouveaux emplacements géographiques de chez nous des noms propres ayant un rapport direct avec les membres des familles nouvellement implantées dans une région, et dont on voulait en quelque sorte perpétuer le souvenir, s'est rendue au point qu'un jour ce fut le seigneur Antoine Pécaudy de Contrecœur lui-même qui donna à sa paroisse un nom rappelant celui de la seigneuresse Barbe Denys de Vitray et de la Trinité, son épouse, dont le dernier nom est depuis lors resté attaché à la paroisse Sainte-Trinité-de-Contrecœur.

D'ailleurs, cette bonne et populaire personne devait plus tard connaître un second honneur du même genre. En effet, un jour, elle est devenue veuve à la suite du malencontreux décès du bien-aimé sieur de Contrecœur en 1683 et à l'âge respectable de 87 ans. Or à ce moment Madame de Contrecœur était la mère d'un fils et d'une fille relativement jeunes, et comme c'était l'habitude, elle accepta de se marier de nouveau en 1691, alors qu'elle était âgée de 39 ans. Cette fois elle s'alliait à Louis-François de Gannes, sieur de Falaise, qui lui-même n'avait que 25 ans. Et tout de suite à son tour, sans doute pour service rendu et pour bien marquer cet heureux événement, Gannes de Falaise s'empressa de donner à la seigneurie récemment devenue sienne le beau nom de Saint-Denys. Et ce fut là que s'implanta par la suite le gentil et historique village du même nom que l'on a déjà visité et qui depuis lors fait face à Saint-Antoine-sur-Rivière-Richelieu.

Comme quoi, chez nous, on a depuis longtemps eu de la suite dans les idées et on a laissé fort peu de choses au hasard, tout en manifestant un saint respect pour une exploitation méthodique de nos plus vives ressources naturelles. Pour le meilleur ou pour le pire.

* * *

Mais, cela étant dit quant à l'origine de la fort ancienne désignation de Saint-Antoine-sur-Rivière-Richelieu, il n'en reste pas moins que cet emplacement rural sans prétention a, avec le temps, connu une notoriété indéniable parce que, en cours de route, deux personnages très remarquables y ont vu le jour et ont sérieusement fait parler d'eux par la suite.

Or a tout seigneur, tout honneur. Et aussi pour se conformer aux normes habituelles de la galanterie la plus élémentaire, l'on doit dire que le premier de ces personnages de marque fut en fait une femme toute frêle qui allait plus tard recevoir l'admiration ostensible de milliers de disciples et également de jeunes enfants qui d'une génération à l'autre, depuis plus de cent trente ans, ont pu bénéficier de son zèle actif dans le domaine de l'éducation au niveau élémentaire.

Cette personne assez exceptionnelle s'est appelée Eulalie-Mélanie Durocher et elle est née tout près du village de Saint-Antoine en octobre 1811. Par la suite, elle allait devenir Mère Marie-Rose, fondatrice de la Congrégation des sœurs des Saints Noms de Jésus et de Marie.

Cette jeune fille, au départ, sans marque spéciale et dont le père et la mère étaient cousins, fut l'une des dix enfants d'une famille assez typique de chez nous au siècle dernier. Deux de ces enfants sont morts en bas âge, trois autres sont demeurés agriculteurs attachés au sol et encore trois autres sont entrés en religion. Tout cela à l'époque était un développement normal et assez fréquent pour les nôtres, surtout à la campagne.

Pour sa part, Eulalie aurait pu connaître, elle aussi, une existence rurale sans histoire. Mais quelques petits incidents fortuits se combinèrent peu à peu et finirent par donner des conséquences assez imprévues.

Ainsi à l'âge de 16 ans, son grand-père paternel s'était battu sous le marquis de Montcalm, à Carillon, en 1758, dans ce qui fut à peu près la seule victoire importante et utile des armes françaises en Amérique du Nord au cours de la guerre de Sept Ans. Et naturellement que cet aïeul nommé Olivier Durocher, qui vécut jusqu'à quatre-vingts ans, avait eu à faire face aux redoutables soldats du régiment des Highlanders Black Watch. Il avait été grièvement blessé et même laissé pour mort sur le terrain et n'a pas manqué de raconter ses palpitants souvenirs d'autrefois à la jeune enfant qui n'en pouvait croire ses oreilles. D'autant plus que le charme du passé familial en est devenu plus intense lorsqu'on lui apprit qu'un autre ancêtre, du côté maternel cette fois, et nommé Blaise Juillet, avait fait partie de la petite troupe aventureuse de Dollard Des Ormeaux et avait naturellement, et comme tous les autres, péri aux mains des Indiens en 1660, lors de la mémorable escarmouche du Long-Sault.

En somme, pour Eulalie, l'existence terrestre, même si loin de tout, se trouvait à démarrer assez bien.

Pour ajouter si possible à l'atmosphère familiale un peu spéciale, en sus de la présence de trois ecclésiastiques parmi ses frères, Flavien, Eusèbe et Théophile, elle eut également une sœur plus âgée et nommée Séraphine qui très tôt est entrée chez les religieuses de la Congrégation de Notre-Dame et est ainsi devenue une fille spirituelle de la remarquable éducatrice Marguerite Bourgeoys.

Le climat de ce milieu rural était d'une authenticité à toute épreuve suivant les normes de cette époque et pouvait certes faire croître, chez les plus jeunes, l'envie de faire un peu mieux que la simple routine.

En 1821, soit à l'âge de 10 ans, la jeune Eulalie fut confiée aux sœurs de Notre-Dame dont la congrégation possédait alors un grand couvent et pensionnat à Saint-Denis-sur-Richelieu. Cette institution avait maintenant obtenu une réputation nettement exceptionnelle chez les nôtres. Six années plus tard, Eulalie était admise à continuer ses études à l'impressionnant pensionnat de Montréal tenu par les mêmes dames éducatrices. Hélas ! la santé de la jeune élève commença à laisser quelque peu à désirer. Bientôt les choses en vinrent au point qu'à deux reprises elle ne put se faire admettre au noviciat de cette congrégation de femmes remarquables.

Nouvel incident important et également imprévu, la mère un jour tomba malade à son tour et mourut doucement, mais rapidement. On réalisa que presque tout le monde de cette famille jusque-là nombreuse avait à présent quitté la maison paternelle. Le père vieillissant se retrouvait seul avec sa fille Eulalie, ce qui pouvait compliquer un peu les choses vu l'état de santé des deux qui n'était pas très florissant.

Le troisième frère devenu ecclésiastique et nommé Théophile avait, entre-temps, obtenu la cure du village de Belœil. Voyant ce qui se passait, il entra en scène sans hésiter et, comme c'était naturel, il offrit généreusement l'asile de son presbytère à son vieux père et à sa fragile sœur. Dans les circonstances, l'offre allait bien sûr faire très bien l'affaire de tous les intéressés de la famille Durocher.

Le père missionnaire oblat nommé Telmon, récemment arrivé d'Europe, avait à son tour été placé en charge, par l'évêque Bourget, de la desserte de Saint-Hilaire qui, comme on le sait, est situé juste en face de Belœil.

Bientôt il y eut des rencontres, des échanges de visites et des explications à propos de multiples projets d'avenir. Tant et si bien qu'Eulalie finit par devenir convaincue que comme beaucoup d'autres femmes des nôtres elle devait, elle aussi, fonder une communauté dont la fonction principale serait de s'occuper de l'enseignement des jeunes de chez nous. Ce qui d'ailleurs à l'époque n'était pas un luxe.

Au fait, en octobre 1843, Eulalie Durocher accompagnée de Mélodie Dufresne et d'Henriette Céré se déclaraient publiquement en état de noviciat, prononçaient des vœux solennels et triples, endossaient un nouvel habit inspiré d'un ordre de sœurs marseillaises, devenaient officiellement religieuses enseignantes et portaient à présent les nouveaux noms patronymiques de sœur Marie-Rose, sœur Marie-Agnès et sœur Marie-Madeleine. Pour ajouter à l'ampleur de l'occasion, le tout s'est déroulé en la présence imposante de l'évêque Bourget, de Montréal, et sous les yeux de treize jeunes pensionnaires toutes fort émues.

La sœur Marie-Rose, connue désormais sous ce nouveau nom, recruta par la suite beaucoup de fidèles disciples. Puis après nombre d'œuvres et de terribles épreuves, elle décéda en octobre 1849, ayant à peine trente-huit années.

Et pourtant déjà, vers l'année 1928, cette communauté de timides sœurs enseignantes occupait plus de cent quatre-vingts établissements divers en Amérique dont plus d'une centaine en dehors du Québec. L'institut comptait alors environ 2,500 religieuses professes et près de 50,000 élèves réguliers. Ce qui était tout de même assez impressionnant si l'on tient compte du modeste point de départ quelques décennies auparavant. Ainsi dans les années 1920, ces femmes de chez nous poursuivaient leurs activités d'enseignement dans l'Ontario, à Detroit, à Chicago, au Manitoba, dans les États de Detroit, de New York, de Floride, de Californie et jusque dans les lointaines régions de l'Orégon sur le littoral de l'océan Pacifique. Ce qui peut donner une idée de la vigueur de cette institution d'origine plutôt récente.

Et tout ce personnel enseignant travaillait pour ainsi dire d'une façon bénévole.

Des activités aussi remarquables malgré la maladie, une pauvreté extrême, d'incessantes difficultés financières, de fréquents conflits et des divergences de vues avec des gens qui voulaient sans cesse imposer leur autorité, méritent certes qu'on en fasse une courte mention de temps à autre.

Surtout lorsqu'une promenade à la campagne du voisinage nous amène par hasard au modeste pays où est née autrefois Eulalie Durocher qui était sans le savoir promise à de grandes choses.

*   *   *

Saint-Antoine-sur-Rivière-Richelieu fut également le lieu de naissance d'un autre personnage d'envergure qui, lui aussi, a connu une existence plutôt étonnante et est pour ainsi dire encore fréquent à la pensée de tous les habitants de notre pays qui s'intéressent quelque peu à notre petite histoire régionale.

Cet homme qui, avec le temps, allait laisser une marque personnelle et profonde sur nos arrangements politiques canadiens se nommait Georges-Étienne Cartier. Il naquit en septembre 1814 dans une grande maison de pierre faisant face au soleil du matin, ayant pas moins de cent pieds de façade, et construite auparavant par son arrière-grand-père nommé assez symboliquement Jacques Cartier. Malheureusement cette historique construction a depuis été rasée. De tout l'emplacement qui aujourd'hui aurait deux cents ans, il ne reste qu'une nouvelle maison beaucoup plus petite érigée sur une partie du solage de l'ancienne résidence, et un puits antique qui aurait autrefois servi pour les besoins de la famille Cartier et que des gens intéressés aux vieilles choses de chez nous tentent à présent de conserver à tout prix. C'est bien le moins que l'on puisse faire.

La famille était originaire de l'Anjou, portait le surnom dit Langevin et l'ancêtre Jacques Cartier au temps de son mariage en 1744 était charpentier et en 1750 il est devenu marchand à Québec. Cette union de Jacques et de Marguerite Mongeon s'avéra plutôt heureuse, car elle donna quinze enfants dont un autre Jacques qui naquit en 1750 et se maria à son tour en 1772 à Cécile Gervaise, la cérémonie s'étant alors déroulée à Saint-Antoine de Chambly. Au cours des années, cet homme avait acquis une certaine réputation, car il fut député à la Chambre d'assemblée de 1804 à 1809 tout en s'occupant d'un commerce de grains qui lui apporta une fortune considérable et que son fils, également nommé Jacques, le troisième de ce nom, ne manqua pas de dissiper rapidement et avec beaucoup d'assiduité. Mais ce dernier, étant né en 1774, réussit néanmoins à convoler en justes noces, en septembre 1798, lorsqu'il épousa Marguerite Paradis également de Saint-Antoine.

D'où il suit que leur fils Georges-Étienne est né à son tour à Saint-Antoine, en septembre 1814.

L'cnfant a d'abord fait un peu d'études primaires à domicile aux mains de deux «Frères ambulants», une institution ancienne et sans doute louable dont il ne reste guère de traces aujourd'hui. Mais cela lui a tout de même permis de s'inscrire par la suite au Collège de Montréal et le jeune étudiant a alors pu y faire ses études secondaires.

Il commença à s'initier à la science du droit sous la direction de Maître Édouard Rodier et, comme tout allait plutôt bien dans cette nouvelle entreprise, ce dernier a réussi à faire admettre son jeune protégé comme membre en règle de l'ordre des avocats et du Barreau en l'année 1835. So far, so good!

Entre-temps il s'était, comme beaucoup d'autres, rallié à la cause des patriotes en devenant membre plein d'ardeur de l'association des Fils de la Liberté. Manifestant un talent certain pour la musique, il avait composé des chants patriotiques qui devenaient vite fort populaires chez les nôtres. À ce sujet, on raconte qu'il aurait composé le chant de parade intitulé « Avant tout, je suis canadien ! » Et ce fut également lui qui créa de toutes pièces notre premier hymne national intitulé « O Canada, mon pays, mes amours ! » Il l'aurait d'ailleurs lui-même chanté à la grande séance de fondation de notre société patriotique Saint-Jean-Baptiste le 24 juin 1834, alors qu'il n'avait que vingt ans. Au fait, les rapports de l'événement qui nous sont parvenus le décrivent comme un étudiant, futur chef du parti politique appelé conservateur, et qui pour l'occasion a chanté des chants patriotiques de circonstance.

L'on sait, en outre, qu'en novembre 1837 il était à Saint-Denis où il combattit sous les ordres du docteur Wolfred Nelson pour obtenir la victoire éphémère que l'on sait. Malheureusement ce bon résultat devait être sans lendemain à cause des événements survenus tout de suite après au village voisin de Saint-Charles. Alors, et comme beaucoup d'autres qui étaient à présent mal vus et recherchés par les autorités de l'époque, il a dû lui aussi prendre le chemin de l'exil. Il se réfugia d'abord à Plattsburg, puis à Burlington aux États-Unis, et il y demeura jusqu'au jour où il y eut une proclamation d'amnistie générale pour tous les survivants de cette regrettable équipée.

Lorsque, enfin, Cartier a pu revenir au pays il s'est d'abord remis à la pratique de sa profession d'avocat, en société avec son frère, et il s'intéressa surtout au droit des Canadiens, au droit constitutionnel et à l'histoire coloniale. Tout cela plus tard devait lui être fort utile.

Cependant, les gens de chez nous connaissaient ses talents et en 1848 les électeurs du comté de Verchères l'ont choisi, presque malgré lui, comme leur député, un poste qu'il occupa durant six années. Ensuite en 1854, il reçut de ses électeurs de Verchères un nouveau mandat qui, cette fois, allait durer jusqu'à 1861.

Ce fut alors au cours des divers ministères qui se succédèrent rapidement durant les années agitées d'avant le pacte confédératif que le député Georges-Étienne Cartier occupa plusieurs charges importantes au sein de l'exécutif gouvernemental. Ainsi, sous le ministère Mac Nab-Taché, il est devenu secrétaire provincial, de janvier 1855 à mai 1856. Puis, sous Taché-Macdonald, il devint procureur général jusqu'à novembre 1857. Par après il se retrouvait, et à son tour, un membre conjoint de l'administration gouvernementale appelée à présent Macdonald-Cartier, un arrangement politique qui devait durer jusqu'au mois d'août de l'année 1858. Et il en fut ainsi avec des hauts et des bas jusqu'au premier juillet de l'année 1867 alors qu'avec l'avènement de la Confédération M. Macdonald occupa définitivement et seul le poste de Premier ministre de notre pays.

À partir de ce moment, et d'accord avec M. John A. Macdonald, Cartier continua de s'occuper activement des grands problèmes de l'heure qui exigeaient des solutions urgentes. Il fallait par exemple rédiger et promulguer des lois sur l'éducation et sur les écoles devant être ouvertes sans retard, faire de nombreuses réformes à notre code criminel, pourvoir à l'abolition définitive de notre système seigneurial qui après avoir été autrefois très utile nuisait à présent au développement normal du Québec, entreprendre et mener à bonne fin la codification de nos statuts et de nos lois françaises, un ouvrage qui est ainsi devenu notre premier code civil, assurer la réforme des arrangements de notre service militaire et de notre système judiciaire, voir à l'implantation d'un service ferroviaire devant à la longue relier toutes les parties éparses de notre pays, et autres matières du même genre. Ça n'était pas le travail qui manquait.

Toutes ces activités d'ordre public mais essentielles peuvent aujourd'hui sembler un peu arides. Mais l'administration d'un régime gouvernemental ne comporte pas souvent de phases très romanesques.

En somme, par son travail opiniâtre et sa persévérance, Georges-Étienne Cartier a fait honneur à ses compatriotes. Et il est tout à fait normal que dans son village, en face de l'église de Saint-Antoine, un beau monument rappelle aujourd'hui aux passants le souvenir de cet homme décédé il y a plus d'un siècle et où il est inscrit: « À Cartier, à son village natal, la Patrie reconnaissante. »

* * *

Pour clore ces souvenirs de personnages remarquables qui ont autrefois vécu et aussi fait honneur à Saint-Antoine-sur-Richelieu, on pourrait encore raconter l'imprévisible aventure suivante.

Un jour, pour répondre à plusieurs demandes des Abénakis et résister à la croissante pression « anglaise » provenant des colonies installées plus au sud, le gouverneur, M. le Marquis de Vaudreuil, avait envoyé, en 1704, un détachement militaire d'environ 250 hommes incluant un certain nombre d'Indiens amis. Cette unité spéciale de combat fut placée sous le commandement du sieur Jean-Baptiste Hertel de Rouville dont le nom a déjà été mentionné ici et qui avait sous ses ordres quatre de ses frères. Tous, d'ailleurs, spécialistes des attaques surprise.

Comme il fallait s'y attendre il en résulta une sévère confrontation armée au village frontière de Deerfield, sur la rivière du même nom, au Massachusetts nord, en plein hiver, durant la nuit du 28 au 29 février de l'année 1704. Après la prise et la destruction par le feu de cet emplacement rural qui comprenait quelque 17 maisons et autres bâtisses entourées d'une palissade de pieux formant un cercle de vingt arpents de circonférence, il y eut environ une cinquantaine de tués et des blessés. Et près de 150 habitants du lieu, incluant le révérend pasteur John William, furent faits prisonniers. Une vingtaine de ces derniers sont morts ou furent tués sur le chemin du retour au pays. Cet incident de guerre se produisit à l'endroit qui a été appelé « Bloody Brook » c'est-à-dire le « ruisseau sanglant». Un monument en marbre rappelle cette affaire depuis lors.

Après un pénible trajet de retour qui dura pas moins de vingt-cinq jours avec beaucoup de privations, comme on peut l'imaginer, plusieurs des captifs qui furent ainsi amenés manu militari au Canada ont soudain, et à la surprise générale, trouvé l'endroit assez de leur goût. Quelques-uns décidèrent de s'y établir en permanence et, par la suite, d'y faire souche, tout simplement et sans plus de formalités.

L'un de ces nouveaux concitoyens involontaires de notre pays la Nouvelle-France se nommait Claude-Mathias Farnsworth. Pour sa part, il avait été fait captif, comme bien d'autres, dans le voisinage du même Deerfield en août 1704, soit peu après la première confrontation qui avait totalement détruit ce village. À l'étonnement de tous, et pour donner suite à son projet de s'installer ici pour de bon, il prit pour épouse la demoiselle Catherine Charpentier en 1713. Puis le nouveau mari a survécu normalement par la suite comme résidant actif de Saint-Antoine-sur-Richelieu jusqu'à 1773 alors que, maintenant accepté par tous, il mourut l'un des nôtres à l'âge fort respectable de quatre-vingt-trois ans. Ce qui n'était pas mal quand on songe au début de cette expérience.

Ensuite, avec le temps et sans doute aussi pour éviter d'inutiles complications, ses très nombreux descendants décidèrent un jour de simplifier les choses. Ils changèrent tout simplement leur nom pour celui de Phaneuf qui était, chez nous, plus facile à prononcer et à comprendre. D'ailleurs un grand nombre de Canadiens d'expression française ont fait de même, mais en sens inverse, quand ils ont résolu d'émigrer et d'aller vivre aux États-Unis d'Amérique. Comme résultat, presque toutes nos vieilles familles ont ainsi des parents qui portent à présent des noms anglais comme Greenwood, Drinkwater, Goodnow, et cetera.

Plus tard, les survivants de cette nouvelle et grande famille de Phaneuf ont organisé une belle fête en 1913 pour célébrer dignement et publiquement le deux centièmes anniversaire du mariage canadien de leur premier ancêtre qui allait devenir, sans le savoir, le fondateur de cette lignée originale. C'est alors qu'il fut soudain remarqué qu'il y avait déjà eu, depuis les débuts de cette étonnante aventure, environ mille mariages impliquant les gens de cette extraordinaire famille. Ce que, au départ, personne n'avait certes pu prévoir, mais qui, à présent, ne pouvait que plaire à tout le monde.

L'ancêtre américain Farnsworth, au fait, avait peut-être voulu nous donner en toute simplicité un exemple concret d'une possible et paisible cohabitation entre des gens qui avaient déjà été, d'autorité, de fort violents ennemis. Et tout cela pour de mystérieuses raisons qu'ils n'avaient, sans doute, eux-mêmes pas voulues ou comprises ni les uns ni les autres.

Comme quoi, et comme toujours, les petites causes et les petits ruisseaux peuvent à la longue et avec le temps...

11. Saint-Marc

Lorsque, au cours d'une tranquille randonnée en rase campagne, on côtoie sans hâte la rive ouest de la rivière Richelieu sur le chemin du retour vers la ville de Montréal, l'on se rend vite compte que les villages agricoles que l'on croise sont paisibles, bucoliques. Pour cette raison sans doute, ils sont avec le temps devenus des sites recherchés pour fins d'agréable villégiature, pour ainsi dire en toutes saisons.

Naturellement on finit par arriver ainsi à Saint-Marc et on s'aperçoit alors que, pour la première fois dans cette région, il est fait mention du nom de Hertel. Pourtant ce nom représente l'une des plus vieilles familles de chez nous et les agissements de ceux qui en ont fait partie marquèrent fortement, là encore, la petite histoire de notre pays au temps jadis.

Mais, pour commencer par le commencement, il faut dire tout de suite que l'ancêtre qui a porté ce nom au début et qui nous intéresse plus particulièrement, s'appelait Jacques et il est né au pays de Caux en Normandie en 1603. Par la suite, il s'amena comme ça au Canada aux environs de

1615, c'est-à-dire à l'âge de douze ans, ce qui déjà est plutôt remarquable.

Dès son arrivée en ce lointain et nouveau pays, ce jeune adolescent a connu des aventures hors de l'ordinaire et assez semblables à celles de Charles Le Moyne, de Montréal et de Longueuil, qui, étant né en 1626, s'est amené ici à l'âge de quinze ans et a, par la suite, vécu une existence fort agitée. Ou encore des aventures un peu analogues à celles qui furent subies par Pierre-Esprit Radisson qui, étant né en 1636, est un jour parti pour faire un peu de chasse et fut prestement capturé et amené en pays fort lointain alors qu'il avait à peine seize ans. Cette expérience de longue captivité aux mains des Iroquois, dans les terres qui sont aujourd'hui la partie extrême ouest de l'État de New York, n'a pas empêché Radisson de devenir plus tard un fort célèbre coureur des bois. Au contraire, il avait bien observé tout ce qui se passait autour de lui, s'était montré un bon élève et était allé à la meilleure école de l'époque pour se familiariser avec ce genre de choses malgré les petites misères personnelles qu'on pouvait être appelé à subir.

À l'instar de nos autres grands aventuriers d'autrefois, dès son arrivée au pays, Jacques Hertel s'est aussitôt appliqué à apprendre à fond les divers idiomes des Indiens qui habitaient déjà nos régions et cela depuis un bon moment. Car, comme tous les autres de cette époque, le jeune voyageur n'a pu s'empêcher de rencontrer ici et là d'authentiques autochtones. Et, comme cela s'est produit plus tard pour Charles Le Moyne, Hertel est vite devenu un interprète fort recherché à cause des précieux services qu'il pouvait alors rendre aux hommes blancs fraîchement arrivés d'Europe.

D'une expérience à l'autre, les choses en vinrent au point que lorsque, à l'été de l'année 1629, Québec a dû capituler devant les forces anglaises arrivées inopinément, et être livrée sans condition aux frères Kirke, Jacques Hertel préféra disparaître dans la brousse et aller vivre tout simplement chez ses amis sauvages et enfants de la forêt, plutôt que de se rendre bêtement, être lui aussi fait prisonnier et renvoyé sans cérémonie en Europe. D'ailleurs, Hertel était devenu un homme et il était déjà parfaitement habitué à ce genre de vie rude. Il est donc tranquillement resté au pays avec ses nouveaux compagnons d'aventures jusqu'à ce que les choses se tassent un peu. Puis un jour la paix étant revenue et la Nouvelle-France retournée à ses anciens occupants français, représentés pour l'occasion par le malheureux gouverneur Samuel de Champlain, autorisé ainsi officiellement en 1633 à reprendre et à continuer l'œuvre à laquelle il s'était appliqué avec vigueur depuis la fondation de Québec en 1608, Hertel est lui aussi sorti de sa cachette et revenu comme ça à la surface. Le sieur de Champlain fut naturellement enchanté de voir pareil attachement au pays de la part d'un compatriote têtu et débrouillard et en récompense il accorda séance tenante à Hertel une bonne étendue de terre située dans la région de Trois-Rivières. Au fait, cette soudaine générosité n'entraînait alors aucune sérieuse dépense de fonds publics. Trois-Rivières était encore en friche, fort peu habité, et situé très loin à l'intérieur des lignes ennemies, ce qui pouvait naturellement représenter un certain danger pour tout nouveau pionnier.

D'ailleurs, et sans que la chose n'ait été officiellement mentionnée, en envoyant ainsi Hertel s'établir en permanence à ce poste alors le plus avancé et le plus périlleux de la colonie naissante, Champlain se trouvait à faire, à peu de frais, une bien bonne affaire. D'abord il s'assurait les loyaux services d'un interprète compétent sur qui on pouvait compter en toute occasion. Et de plus on allait en même temps pouvoir aussi faciliter les opérations de la traite des fourrures avec les chasseurs nomades indiens. Et cela était à l'époque d'une importance primordiale pour les fébriles agents des Cent-Associés qui devaient atteindre le succès à brève échéance, et aussi indirectement pour le fonctionnement accéléré et intéressé de cette nouvelle entreprise coloniale.

Comme on peut le voir, déjà en ces temps éloignés rien n'était laissé au hasard et tout ce qui pouvait servir aux fins désirées était mis à contribution sans aucune sorte de scrupule ou d'hésitation.

L'élan officiel en ce sens pratique était pour ainsi dire donné, lorsque par malheur Champlain, épuisé, décéda en décembre 1635. Il fut alors remplacé par le nouveau gouverneur Charles Huault de Montmagny, en 1636. Ce dernier s'empressa aussitôt de continuer la politique de son défunt prédécesseur en accordant à son tour et sans retard à Hertel deux autres bonnes lisières de terrain du même genre. Une gratification qui, encore une fois ici, ne coûtait que fort peu à la Couronne européenne. Pour demeurer dans les formes que l'on voulait strictement légales, ce nouvel acte de concession fut dûment exécuté en présence des témoins François Marguerie, Jean Godefroy et des pères jésuites du lieu, déjà propriétaires de terrains dans la région trifluvienne. Tous apposèrent alors et vigoureusement leur signature individuelle au contrat pour déclarer à ciel ouvert leur acquiescement à cette donation de territoire plutôt vague à un de leurs voisins nouvellement arrivé en ces lieux.

À ce moment, Jacques Hertel s'est sans doute senti encore plus enraciné au sol du pays. Il décida en août 1641, soit à l'âge respectable de trente-huit ans, qu'il pouvait à présent convoler en justes noces et fonder un foyer. Après mûre réflexion, son choix tomba sur Marie, fille de François Marguerie, déjà mentionné au traité ci-dessus, et de Marthe Romain, tous les deux étant également originaires de Rouen, capitale de la Normandie. Cela ne pouvait certes que faciliter les choses, ne sera-ce que parce que les nouveaux mariés et les parents devaient tous avoir le même vocabulaire et aussi, bien sûr, un accent linguistique semblable rendant plus faciles les échanges de conversation.

En retour, et tout heureuse de la tournure des choses, Marie Marguerie s'empressa de donner trois héritiers à son nouveau mari. Le premier s'appelait François, promis à une carrière remarquable au pays, car il allait devenir sieur de la Frenière, commandant, interprète comme auparavant son père, lieutenant du roi, et finalement il allait être pourvu de titres de noblesse. Le deuxième enfant, une fille, s'appelait Marie-Madeleine, elle naquit en 1645 et finit plus tard par marier Louis Pinard, le chirurgien en titre de la garnison. Marguerite, née en 1649, épousa en 1663 un nommé Jean Crevier, fils de Christophe de la Meslay, et devenu sieur de Duvernay. Étant né en 1642, Jean Crevier devait plus tard périr aux mains des Iroquois, mais non sans laisser deux fils et deux filles pour consoler celle qui était devenue inopinément sa veuve.

En cours de route, Jacques Hertel trouva alors le tour de mourir d'un banal accident en août 1651, c'est-à-dire à l'âge précoce de 48 ans.

Peu après, et selon la coutume de cette lointaine et rude époque, Marie Marguerie devenue veuve s'empressa de se marier de nouveau. Et à cette occasion le nouvel élu s'appelait le sieur Moral de Saint-Quentin. Mais il a été rapporté dans les vieilles chroniques que, malgré toutes ces belles et touchantes cérémonies, la veuve de Jacques Hertel en femme pratique n'en continua pas moins de garder avec fermeté la haute main sur toutes les propriétés foncières de son défunt mari.

*　*　*

Donc, il revenait à présent à François Hertel de prendre la relève et de continuer la lignée et l'œuvre si bien lancées par son défunt père, Jacques.

François est né à Trois-Rivières en juillet de l'année 1642, c'est-à-dire à peu près en même temps que Ville-Marie qui un peu plus tard allait devenir la ville de Montréal.

Ayant grandi sans histoire, il arriva un jour à la fin de son adolescence. Il crut alors que pour lui le temps était venu de se choisir une vocation et il opta assez naturellement pour le métier des armes, ce qui d'ailleurs était fort sage à l'époque et dans les conditions existantes. Malheureusement peu de temps plus tard, et alors qu'il n'avait pas encore vingt ans, il fut comme beaucoup d'autres capturé par un groupe d'Iroquois de la nation des Agniers et amené manu militari vers une région lointaine.

Cependant, malgré cet état de pénible captivité et en dépit de la surveillance dont il était sans cesse l'objet, François Hertel aurait réussi à écrire et puis à faire parvenir sur des lisières d'écorce des messages d'abord au missionnaire jésuite Le Moyne qui vivait avec des Indiens dans les environs. Ensuite, pour le cas où sa chance tiendrait bon, il envoya également un mot destiné à sa mère naturellement éplorée et qui croyait son fils mort depuis longtemps. Il rapportait ainsi de sa propre main meurtrie et mutilée par ses ravisseurs qu'il était toujours vivant. Au cours de son emprisonnement, il avait eu le doigt d'une main brûlé dans un calumet de paix et le pouce de l'autre sommairement tranché à la racine. Petit renseignement intéressant qui peut faire comprendre que les prisonniers tombés autrefois aux mains des autochtones n'avaient pas toujours la vie facile.

Le courage et l'entêtement de François Hertel, malgré sa piètre condition personnelle, quoique sans doute soutenu par la pensée du support moral des siens qui continuaient paisiblement à vivre en lieu sûr, ont semblé un jour porter des fruits inespérés. En effet, il arriva qu'une veuve iroquoise fut littéralement impressionnée par une pareille vaillance. Elle demanda publiquement qu'on lui permette d'adopter le captif Hertel. Cette singulière faveur fut naturellement accordée par les membres de la tribu, à la grande satisfaction de la bonne et charitable Indienne et peut-être un peu aussi à celle du nouveau protégé.

Tant que la bienfaitrice restait dans le voisinage, la gratitude la plus élémentaire exigeait à présent que le fils adoptif et favori se tienne calme, obéissant et bien tranquille, et qu'il continue de rendre avec empressement les services et petits soins qui étaient attendus de lui comme prix de sa libération partielle. Tout cela était certes fort normal.

Il lui fallut donc attendre que l'aimable dame se soit éloignée pendant un bon moment, pour des raisons connues d'elle seule. Alors Hertel a enfin pu songer à déguerpir pendant que son entourage vaquait à diverses occupations. Malgré ses blessures et ses nouvelles attaches sentimentales pour des gens qui étaient en quelque sorte devenus des amis d'occasion, Hertel a pu tromper un jour la vigilance de ses gardiens et prendre la fuite. Il se dirigea alors tant bien que mal vers son village et on le vit ainsi réapparaître quand depuis longtemps on l'avait cru parti pour toujours vers l'au-delà et les récompenses y attenantes.

Son séjour plutôt frugal parmi les Iroquois, enfants de la forêt, n'a pas paru avoir affecté son goût de survivance, ni même ses forces vives, puisque très peu de temps après son évasion, il décida en septembre 1664 d'épouser, et cela à Ville-Marie, une jeune personne qui portait le gentil nom de Marguerite de Thauvenet. Elle provenait elle-même de Bourges, ancienne capitale de la province du Berry, au centre de la France de l'ancien régime.

Cette jeune promise ne s'amenait pas les mains vides. En effet elle allait bientôt personnellement hériter de la seigneurie de Chambly, car le capitaine qui portait ce nom et que l'on connaît déjà, avait décidé de lui faire ce don en main propre et sans attache aucune. Ce legs plutôt surprenant fut fait lorsque le sieur de Chambly était à la veille de quitter la Nouvelle-France pour toujours. Il s'était soudain senti obligé envers les Thauvenet car pour un temps, il avait été le fiancé de Marie-Françoise la propre sœur de Marguerite de Thauvenet. Comme quoi encore une fois, en ce bas monde il ne faut se surprendre de rien.

De retour chez les siens, François Hertel s'empressa de retourner dans les cadres des forces militaires du pays où il reprit le rang qu'il avait occupé auparavant. Il poursuivit son vieux métier d'interprète et, d'une chose à l'autre, il profita de la première occasion qui s'offrait pour retourner vivre dans les bois malgré les risques que cela pouvait comporter pour lui personnellement. Comme il fallait s'y attendre, à cause des lois de l'époque qui officiellement n'approuvaient guère ce genre d'aventures en dehors du territoire de la colonie, Hertel fut bientôt mis en accusation et on lui imposa une sérieuse amende pour être allé vivre dans les bois sans avoir obtenu la permission nécessaire et préalable de la part des autorités en place.

Cependant, il réussit à rentrer peu après dans les bonnes grâces des mêmes autorités, car on s'est un jour aperçu qu'on avait besoin de ses services. En janvier de l'année 1690, le gouverneur de l'époque, M. de Frontenac, décida d'aller porter la guerre et semer l'effroi au cœur même des colonies étrangères situées plus au sud, et qui avec le temps allaient plus tard devenir la Nouvelle-Angleterre. Dans ce but un peu surprenant le gouverneur demandait trois expéditions simultanées. L'une partant de Montréal sous d'Ailleboust de Mauthet devait se rendre à Corlaer, aujourd'hui Schenectady. Une autre dirigée par Portneuf quitterait Québec pour aller attaquer Casco au nord de Boston. Et la troisième partant de Trois-Rivières devait aller surprendre Salmon Falls près de Portsmouth. Or cette dernière expédition fut placée sous le commandement personnel de François Hertel.

Tout ceci se passait au pire de l'hiver et les attaques inattendues s'étant produites en pleine nuit, ces efforts d'assaut allaient naturellement remporter un certain succès. Sauf peut-être que ce coup fit soudainement comprendre aux colons hollandais, suédois, belges et anglais, qu'ils avaient intérêt à cesser leurs luttes intestines et à s'unir plutôt les uns avec les autres pour se protéger et tenir en respect les turbulents habitants de la Nouvelle-France. Ce qui ne manqua pas de se produire.

Alors les représailles n'ont pas tardé. Un demi-siècle plus tard, c'était la guerre de Sept Ans avec le résultat que l'on sait. Cette triple aventure militaire contre les colons néo-américains installés plus au sud ne fut certes pas ce que Frontenac a fait de mieux en Amérique du Nord.

Hertel, en bon soldat qui ne discute pas les ordres, avait pour sa part lancé un triple assaut contre Salmon Falls. Et cela a pris tout le monde par surprise. Naturellement.

Résultat, la place fut bientôt investie. Il y eut des morts, des blessés, des prisonniers et une trentaine de maisons furent détruites. Puis, peu après, il défit de justesse un parti de colons armés qui s'était rapidement organisé dans les environs pour aller porter secours à leurs compatriotes en mauvaise posture.

Après cela Hertel, naturellement fier de son succès, décida à présent d'àller prêter main-forte à Portneuf qui, pour sa part, devait attaquer Casco. Et là encore, malgré une vaillante défense des assiégés, les Français remportèrent la victoire sur les troupes de la garnison locale. La campagne d'hiver imaginée par notre gouverneur tournait donc au succès complet. Du moins dans l'immédiat et pour l'instant.

Frontenac crut bon de récompenser adéquatement le loyal effort de ses hommes fidèles. Il recommanda donc au roi de France l'anoblissement de François Hertel qui fut ainsi l'année suivante promu au rang de lieutenant, un grade militaire qui d'ailleurs devait bientôt être confirmé officiellement et en permanence. Mais, pour des raisons inexpliquées, ce ne fut que plus d'une vingtaine d'années après que les lettres de noblesse arrivèrent enfin en Nouvelle-France. Hertel, à présent, commençait à se faire vieux. Il avait soixante-treize ans. Et il était bien tard pour savourer à plein de pareils honneurs venant d'aussi loin.

François Hertel mourut en 1722 alors qu'il était âgé de 80 ans. Ce qui était certes remarquable à cette lointaine époque. Surtout si l'on tient compte de toutes les rudes aventures dont il a déjà été fait mention.

Et pour sa part, Marguerite de Thauvenet, son épouse, était décédée en 1708, soit quatorze années plus tôt. Mais du 22 septembre 1664 au 16 septembre 1708, ce mariage avait tout de même survécu durant la respectable période de quarante-quatre années. Et l'on comprend alors que, durant ce temps, l'épouse ait pu donner naissance à pas moins de quinze enfants qui par la suite ont tous connu des sorts assez variés.

Ainsi il y eut des familles subséquentes dont le bon renom a survécu jusqu'à ce jour.

Les descendants de François Hertel prenant tour à tour, comme c'était l'usage, des surnoms nouveaux, ils ont ainsi donné des identifications particulières pour chacune de leurs familles. Par exemple, il y a eu les groupes appelés Hertel de la Frenière, Hertel de Chambly, Hertel de Beaulac, Hertel de Rouville, Hertel de Saint-Louis, Hertel de Montcourt, Hertel de Saint-François, Hertel de

Saint-Jean, Hertel de Beaubassin et également Hertel de Cournoyer.

Il serait cependant utile de faire remarquer tout de suite que tous ces descendants directs de François Hertel n'ont pas connu la verte vieillesse de ce dernier.

Ainsi, et sans vouloir s'attarder à d'inutiles détails, l'on peut rappeler brièvement que, par exemple, l'aîné de la famille qui obtint un grade de sous-lieutenant en 1690, a péri l'année suivante dans un engagement avec des guerriers iroquois.

Pour sa part, Hertel de Chambly a connu un sort assez semblable en 1704, au cours d'une expédition à Deerfield dans les colonies étrangères installées plus au sud, dans le voisinage de Springfield, au Massachusetts. Là encore il y a eu des morts, des blessés, des prisonniers, des maisons brûlées, et cetera. Ça n'est pas toujours très beau, les œuvres de guerre. Même quand elles paraissent nécessaires.

Marie-Françoise Hertel est devenue ursuline à Trois-Rivières puis, à la suite de divers incidents, elle l'a été à Québec où elle est morte en 1770. On raconte à son sujet que les gens de Trois-Rivières avaient d'abord assez mal accepté que la fille de leur héros, Françoise Hertel, se fasse religieuse. Mais, lorsque aux élections du couvent local une autre sœur fut choisie comme supérieure, les trifluviens allèrent en groupe manifester bruyamment leur dépit qui dégénéra presque à la bagarre. Résultat, exil de Marie-Françoise au couvent de Québec. Car on voulait, dit-on, sauvegarder sa nouvelle vocation à laquelle elle semblait tenir beaucoup.

Le fils François-Zacharie, devenu le sieur de La Frenière, combattit lui aussi en 1690 à l'époque de Frontenac. Mais six ans plus tard il fut fait prisonnier dans un affrontement avec les Iroquois. Par la suite, et sans raison particulière, il est mort en 1730 sans laisser de postérité.

Ensuite Jean-Baptiste, le sieur de Rouville, étant né en 1668, est plus tard devenu le chef de la branche cadette de la famille. Au cours des années et par suite de ses états de service, il obtint les grades de capitaine, de commandant et surtout le titre fort convoité de chevalier de Saint-Louis. Il a vécu jusqu'à 1722, soit peu après le décès de son vieux père. Et après un deuxième mariage, il laissa plusieurs enfants pour perpétuer son souvenir.

Tout ce qui a été dit jusque-là à propos de la famille Hertel n'a en somme été rappelé que pour en venir à Jacques Hertel, sieur de Cournoyer, dont le nom vient tout juste d'être mentionné dans la liste des diverses familles issues de François Hertel, lui-même fils du premier Jacques Hertel, le fondateur de cette magnifique lignée de pionniers de chez nous.

Cette courte promenade dans les vieilles plates-bandes généalogiques n'avait pour but que de pouvoir expliquer pourquoi le village que nous visitons présentement porte en fait le nom officiel de Saint-Marc-de-Cournoyer. Il n'aurait guère été possible de s'y retrouver autrement. Car toutes les explications dans les documents officiels sont plutôt avares de détails en ce qui concerne la raison du nom attribué à ce gentil emplacement rural en bordure de la rivière Richelieu.

La seule phrase qui aurait pu nous aider à jeter un peu de lumière sur l'origine d'une telle appellation nous annonce tout simplement, et comme cela, au sujet de Saint-Marc que la seigneurie de Cournoyer fut concédée le premier mars 1695 à Jacques Hertel, le sieur de Cournoyer. Il faut bien avouer ici qu'après cette brève révélation, on n'en savait guère plus et que, pour s'y reconnaître, il fallait fouiller quelque peu dans les vieux souvenirs de cette belle et grande famille de chez nous qui a collectivement et assez glorieusement porté le beau nom de Hertel jusqu'à épuisement.

Ce qui a été fait.

Et on ne s'en porte pas plus mal pour autant.

Sauf qu'on sait mieux à présent où situer, dans le lointain passé remontant aux débuts de l'entreprise coloniale jadis appelée la Nouvelle-France, la présence d'un certain Jacques Hertel devenu avec le temps sieur de Cournoyer et qui, sans le savoir, allait plus tard léguer son nom et le titre de son fief personnel à un village agricole d'agréable villégiature qui par la suite s'appellerait tout simplement Saint-Marc-de-Cournoyer.

Quant aux aventures personnelles du Sieur Hertel de Cournoyer, on peut encore annoncer succinctement qu'étant né à Trois-Rivières en 1665, il a lui aussi fait du service militaire et avec le temps a atteint le rang de capitaine. En cette capacité, il a participé aux engagements entrepris contre les Iroquois sous les gouverneurs de La Barre et ensuite Denonville d'assez peu glorieuse mémoire comme tous le savent depuis longtemps. Il a par la suite également guerroyé sous les ordres de Frontenac.

En même temps qu'il s'acquittait de ses devoirs de militaire, il n'en négligeait pas pour autant ses fonctions de seigneur. À cet effet, il surveillait avec soin la formation de ses arrangements de censitaires qui par la suite pourraient sans doute apporter des revenus acceptables pour les membres de sa famille. Ce qui était tout à fait normal dans les circonstances.

On sait encore que, après une tentative d'implantation un peu plus à l'est le long du fleuve Saint-Laurent, Jacques, en 1695, a reçu en même temps que son frère François-Zacharie d'autres étendues de terres le long de la rivière Richelieu. Puis il est mort paisiblement à Trois-Rivières en septembre 1748, soit à l'âge de 81 ans et vingt-six ans après son père, François.

En novembre 1691, à l'âge de vingt-six ans, il s'était marié à Marguerite-Thérèse Godefroy, fille de Michel, le sieur de Linctot qui était lui-même major de Trois-Rivières. Pour sa part, Marguerite-Thérèse venait d'une famille de douze et, à son tour, étant accoutumée à ce genre de chose, elle donna à son mari pas moins de treize enfants. Ensuite Michel, l'aîné de ses fils, devenu lui aussi sieur de Cournoyer, n'en eut pas moins de sept. Après cela la postérité de cette famille a semblé être définitivement assurée. Depuis lors, le nom de Hertel de Cournoyer allait, et pour longtemps, faire parler de lui.

* * *

Après ces réflexions portant sur l'origine la plus plausible du nom officiel de Saint-Marc-de-Cournoyer, il semble qu'il reste peu à dire.

Un visiteur attentif peut toujours y découvrir de vieilles maisons et d'anciennes fermes encore en exploitation, provenant visiblement d'un autre âge à présent révolu. Mais, en ce domaine, toute la vallée du Richelieu est reconnue pour ses nombreuses habitations canadiennes même si le style de construction peut varier d'une résidence à l'autre.

On pourrait faire mention de la relativement vieille église du lieu, de son style, de sa décoration intérieure, et de ses tableaux dont au moins un aurait de la valeur. Et aussi d'un autel latéral finement sculpté et d'un chandelier en bois qui ont été l'œuvre d'un artisan de la vieille école. Ensuite, au cours d'une visite de ce temple, on pourrait également apprendre qu'après avoir été pour un temps une desserte de la paroisse de Verchères, cette nouvelle entité paroissiale a reçu son acte d'érection canonique en mars 1792 et qu'un curé du nom de Martel en serait devenu le premier résidant d'une façon permanente. Le pauvre homme plein de courage aurait alors entrepris de bâtir son église. Mais malheureusement l'affaire a pris beaucoup plus de temps que prévu. Au fait, malgré toute l'énergie qu'il déploya, le curé Martel n'aurait pas pu terminer son beau projet. Il a même fini par mourir longtemps avant la fin des travaux en décembre 1800, alors qu'il n'était âgé que de 53 ans. Mais par ailleurs, les gens du lieu ont voulu lui donner d'une façon posthume une marque de leur reconnaissance collective en faisant enterrer le pauvre défunt dans le sol sous le maître-autel, du côté de l'évangile. Le saint homme n'a évidemment rien su de tout cela. Mais pour les témoins survivants, un pareil geste avait une signification sans doute assez précise et appréciable.

On pourrait aussi rappeler le souvenir d'un ancien résidant de cette localité qui aurait, paraît-il, réussi le tour de force assez peu commun de convoler pas moins de six fois en justes noces. On dit même que, depuis lors, il reposerait paisiblement dans le cimetière du lieu avec cinq de ses six anciennes compagnes de vie. Mais, à vrai dire, il ne semble plus rester de traces de cette aventure assez exceptionnelle qui a sans doute fait parler les gens du voisinage pour quelque temps.

Le village de Saint-Marc-de-Cournoyer est aussi connu à la ronde comme un endroit où, se trouvant en cours de route soudainement affamé, l'on peut fort bien manger surtout à une certaine auberge qui est recherchée par les connaisseurs.

Si l'on donnait ici trop de précisions sur ce sujet purement matériel, un pareil geste pourrait être mal vu par de bonnes âmes soucieuses de demeurer au-dessus de ces choses à caractère comestible et très reliées aux biens de la terre. Alors, pour ne pas susciter d'inutiles remous, il semble préférable d'en rester là. Car, au cours d'une gentille promenade purement touristique, l'homme ne devrait pas s'affairer à ne vouloir vivre seulement que de pain et de vin.

Et peut-être qu'en définitive il serait préférable, tout compte fait, de conserver principalement de notre visite à cet endroit le souvenir que ce bel emplacement rural, agricole et de viilégiature a reçu, il y a un bon moment, le nom plutôt fameux de Hertel de Cournoyer. Et cela afin de préserver la mémoire de l'une des familles de chez nous qui autrefois a participé vigoureusement à l'édification du pays qui est depuis lors devenu le nôtre et nous permet de profiter d'avantages de tous genres qui semblent aussi intéressants que ce qu'on pourrait nous offrir ailleurs.

Du moins jusqu'à preuve du contraire.

12. Belœil

À vrai dire, Belœil a connu une petite histoire assez semblable à celle de Saint-Marc, la municipalité voisine et plus au nord que l'on vient tout juste de traverser.

Et là encore une vieille légende flotte en permanence dans l'air de cette région. Comme d'ailleurs il arrive pour toutes les légendes de chez nous qui, ici et là, se racontent d'une génération à l'autre avec un accroissement continuel de détails nouveaux et inédits, sans qu'on sache trop comment ces belles histoires ont bien pu commencer.

Ainsi cette fable nouvelle récite comme cela et tout bonnement qu'un jour le sieur Samuel de Champlain, vers l'année 1609, était en train de faire de l'exploration sur les eaux du fleuve Saint-Laurent. Or, par curiosité ou autrement, il aurait entrepris de remonter le cours du Richelieu qui, à l'époque, était déjà appelé la rivière des Iroquois. Et ce serait durant cette toute première randonnée effectuée par des Blancs, Visages-Pâles, sur les eaux plutôt calmes du Richelieu qu'à un moment venu, Champlain aurait soudain aperçu une montagne qui, par-dessus la cime des arbres du rivage, se reflétait joliment et agréablement dans la rivière.

Et la légende ajoute ici qu'étonné par un spectacle aussi inusité, Champlain se serait alors adressé à ses compagnons de voyage qui naviguaient dans les embarcations formant sa suite, et qu'il se serait alors écrié spontanément: «Oh! comme elle est belle à l'œil.» Et de cette exclamation, sorte de cri du cœur inattendu, serait aussitôt né, dit-on, le terme de Belœil depuis lors rattaché à cet endroit qui a continué par la suite de charmer les voyageurs qui assistent soudain au même spectacle.

Sans doute que tout cela est, bien sûr, une légende. Mais, comme elle est jolie et appropriée, elle continue de durer depuis fort longtemps. Et cela ne fait certes de mal à personne.

*   *   *

Il est aussi rapporté, dans les vieux documents et souvenirs du passé, qu'au début de Belœil, comme entité géographique précise et identifiable, il s'est agi, là encore, de la concession, en bordure du Richelieu, d'une importante étendue de terrain qui fut, elle aussi, immédiatement reliée à des membres de la remarquable famille Hertel qui n'en finit plus de nous étonner.

Et cette fois le titulaire de cette nouvelle concession de terre se nommait Joseph Hertel, écuyer, qui aurait été l'un des huit ou neuf fils de François du même nom et de dame Marguerite de Thauvenet que l'on connaît bien maintenant depuis notre visite à Saint-Marc-de-Cournoyer.

Puis à son tour, et comme avaient également fait son père et son grand-père, Joseph, avec le

238

temps, se serait marié. Ce qui arriva à Trois-Rivières en juillet de l'année 1698. La nouvelle épouse aurait alors jusque-là porté le nom de Catherine Philipe de Sainte-Thérèse, fille de Laurent Philipe, sieur de Lafontaine, originaire de Blois, près de Chartres, et de Dame Charlotte Giguère, sa légitime épouse. À la vérité, cet incident en apparence anodin allait laisser beaucoup de noms propres qui sont restés parmi nous par la suite et nous sont familiers.

À l'origine, ce fief considérable qui devait plus tard porter le nom de Belœil, fut concédé à Joseph Hertel en date du 18 janvier 1694 par le gouverneur général Louis de Buade, comte de Frontenac, alors assisté de l'intendant de la Nouvelle-France, Jean Bochard, seigneur et chevalier de Champigny. C'était à l'époque les deux principaux personnages de l'administration coloniale de notre pays naissant.

Il est même encore fort intéressant, pour mieux connaître les mœurs de cette lointaine période, de relire le document officiel de cet acte de concession qui est devenu du même coup le titre de propriété du fief nommé Belœil situé au nord-ouest de ce qui s'appelait alors la rivière Chambly et allait par la suite devenir la rivière Richelieu.

L'affaire débutait, comme c'était depuis longtemps l'usage, par une déclaration solennelle, grandiloquente et annonciatrice d'un événement remarquable.

« *Louis de Buade, comte de Frontenac, et*
                                    [cetera,
Jean Bochard, chevalier, seigneur de
                                    [Champigny, et cetera,

À tous ceux qui ces présentes lettres verront,
[salut... »

Après quoi, on peut lire un préambule long et assez touffu qui cherche à expliquer les raisons officielles de cette nouvelle concession d'une certaine étendue de terre encore en friche, ou à peu près, à un vaillant et heureux titulaire de notre pays d'autrefois.

Puis le texte de cet acte de donation entre vifs continue avec beaucoup de vigueur, d'insistance et dans des termes plutôt impressionnants.

« *Nous, en vertu du pouvoir à nous donné par sa Majesté, et en considération des services rendus au pays par le Sieur Joseph Hertel dans les guerres présentes, et approuvant l'établissement qu'il désire faire, luy avons donné, accordé et concédé, donnons, accordons et concédons par ces présentes deux lieues de terre de front sur une lieue et demie de profondeur, à prendre du côté du nord ouest de la dite rivière Richelieu, à la dite seigneurie de Chambly en descendant la dite rivière, pour en jouir par le dit sieur Hertel, ses successeurs ou ayant cause, à titre de fief et seigneurie et autres droits de justice, haute, moyenne et basse, de chasse, pêche et traite, dans toute l'étendue ci-dessus désignée à perpétuité, à la charge de la foy et hommage que le dit sieur Hertel et ses successeurs ou ayant cause, seront tenus de porter au chateau Saint-Louis de cette ville, duquel la dite concession relèvera, aux droits et redevances ordi-*

naires, suivant la coutume de la prévosté et vicomté de Paris suivie en ce pays; qu'il tiendra et fera tenir par ses tenanciers feu et lieu sur la dite concession, comme aussi sera tenu de conserver et faire conserver les bois de chesne propres pour la construction des vaisseaux; de donner avis à Sa Majesté ou au gouverneur général du pays des mines, minières et minéraux si aucuns s'y trouvent, et laissera et fera laisser tous chemins et passages nécessaires, le tout sous le bon plaisir de Sa Majesté, de laquelle il sera tenu de prendre confirmation des présentes dans un an, et de commencer à faire déserter et défricher les dites terres aussitôt après la guerre finie, et qu'il plaira à Dieu nous faire jouir du repos d'une bonne et tranquille paix.

En foi de quoi, nous avons signé cette présente concession, à icelle fait apposer le sceau de nos armes et contresigner par nos secrétaires. À Québec, le dix-huitième janvier, mil six cent quatre-vingt quatorze.

Frontenac
Bochard Champigny

Cette concession fut ratifiée par Sa Majesté Louis XIV et signée de sa main, aussi par son conseiller secrétaire d'État.

Phelippeaux

Daté de Versailles, le 22 mars 1695. »

*   *   *

Il est intéressant de noter ici que, tout au long de ce laborieux acte de concession de terre accordée au sieur Joseph Hertel, aucun nom particulier n'avait encore été attribué à ce domaine ou fief. Le titre de Belœil n'était lui-même pas encore apparu comme désignation spécifique.

Cela, à la vérité, n'allait se produire que dix-huit années plus tard, c'est-à-dire en 1713 lorsque le baron de Longueuil, descendant de Charles Le Moyne de Montréal, décida d'ajouter aux nombreux domaines terriens qu'il possédait déjà et, qu'à cette fin, après les démarches usuelles, il obtint pour lui-même et sa famille une nouvelle concession comprenant une vaste tranche de la toute récente seigneurie de Belœil, ce qui fut là aussi exécuté légalement et dans les termes habituels de cette époque.

«*Philippe de Rigault, et cetera, (le gouverneur d'alors),*
Michel Bégon, et cetera, (l'intendant de la Nouvelle-France).
«*À tous ceux qui ces présentes verront, salut: Savoir faisons, que sur la réquisition à nous faite par le sieur de Longueuil, lieutenant pour le roy au gouvernement de Montréal de vouloir lui accorder le long de la rivière Richelieu une lieue de terre de front sur une lieue et demie de profondeur en lieu non concédé à prendre depuis la* seigneurie de Belœil *qu'il possède, en tirant du coté sud-ouest derrière la seigneurie de Chambly pour le front, et pour la profondeur dans les terres*

en allant au nord-ouest, à laquelle réquisition ayant égard et aux services que le dit sieur de Longueuil a rendus à Sa Majesté en ce pays.

Nous, en vertu du pouvoir à nous conjointement donné par Sa Majesté, avons donné, accordé et concédé, donnons et concédons par ces présentes au dit Sieur de Longueuil la dite lieue de terre de front sur une lieue et demie de profondeur suivant et à la manière qu'il est ci-dessus désigné, pour en jouir par lui, ses successeurs et ayant cause à perpétuité à titre de fief, et cetera, comme celle de M. de Ramesay.

Fait à Québec le 24 mars 1713.

Vaudreuil,
Bégon. »

* * *

Les deux anciens actes légaux qui viennent d'être cités ont ainsi donné une naissance officielle à la seigneurie de Belœil telle que cette dernière a survécu à peu près intacte jusqu'à aujourd'hui.

Le style vieillot de ces documents peut paraître un peu lourd et plutôt difficile à digérer, mais il exprime très bien le sens des intentions officielles des autorités en place et devait ainsi être respecté par tout venant sans discussion inutile. Car les généreux donateurs constituaient alors la plus haute autorité ayant, à l'époque, entière juridiction sur notre pays et ses habitants qui, dans le régime politique du temps, n'avaient d'autre choix que d'obéir avec docilité.

Au fait, dans tout ceci, il ne s'agissait en définitive que de consacrer un état de choses qui existait depuis un bon moment.

Le baron de Longueuil, en 1711, avait acquis la seigneurie de Belœil en l'achetant de son propriétaire Joseph Hertel pour le montant de 600 livres, une somme qui un siècle et trois quarts plus tard aurait représenté environ cent dollars. Ce qui était certes une bonne affaire pour le digne baron, surtout si l'on songe à la valeur actuelle de ce magnifique emplacement. Et cela même si le minutieux baron a dû débourser un montant additionnel de 80 livres, c'est-à-dire environ treize de nos dollars pour ce qui s'appelait alors « le droit de quint ». Car, sous l'ancien droit féodal, c'était la redevance d'un cinquième du prix de vente automatiquement due au légitime suzerain par un nouveau vassal, au moment où ce dernier se portait acquéreur d'un fief. Cette charge originale s'appelait aussi le « quint en montant ». Cela signifiait alors que le prix de vente d'un fief était augmenté d'un cinquième pour inclure le droit de quint alors dû au seigneur féodal et suzerain au moment de la transaction foncière.

Une autre de ces vieilles coutumes lointaines pratiquées en Europe depuis fort longtemps et qui avait traversé en Amérique avec le personnel humain, l'équipement et les bagages, au moment de l'entreprise coloniale. Nous ne payons plus guère de droit de quint chez nous aujourd'hui pour la bonne raison que la race des seigneurs terriens semble être éteinte depuis un peu plus d'un siècle, entraînant par le fait même la disparition des droits seigneuriaux.

Et, pour ceux que la chose intéresserait, on pourrait encore ajouter au sujet de cette concession de fief appelé par la suite Belœil et faite en faveur de Joseph Hertel, écuyer, que pour obtenir cette grâce le futur seigneur terrien avait dû lui-même présenter au préalable une requête formelle écrite, comme c'était alors la coutume, au comte Louis de Buade de Frontenac, le gouverneur du Canada à l'époque et également à Jean Bochard, chevalier, seigneur de Champigny, conseiller et sixième intendant de la Nouvelle-France. C'était d'ailleurs ce même officiel qui, en 1690, avait promulgué des règlements précis au sujet de la valeur de la monnaie en pièces d'or et d'argent au pays, à un moment où il y avait beaucoup d'hésitation et d'incertitude à ce sujet. Le même homme avait également fait placer un buste de Louis XIV à la place Royale en face de l'église Notre-Dame-des-Victoires à l'occasion d'une inauguration assez tragique, buste qui devait d'ailleurs bientôt disparaître de son site sans laisser de traces. L'entreprise n'avait pas été un bien gros succès.

Cependant, il faut reconnaître qu'on s'efforçait de bien faire les choses en ce temps-là.

Quant à la cérémonie de la reddition de la «foy et hommage» qui étaient dus au Roi ou à son représentant lors de cette concession d'un fief immobilier, il existait un rituel antique précis et plutôt impressionnant.

Le nouveau seigneur postulant devait se présenter lui-même au château Saint-Louis à Québec, alors la résidence officielle du gouverneur général du pays. Et une fois admis devant le gouverneur, ou par exception devant l'intendant si par hasard le gouverneur n'était pas disponible pour quelque temps, le nouveau seigneur comparant se présentait dignement comme un humble vassal, tête nue, sans épée ni éperons et, se mettant un genou en terre, il déclarait aussitôt à haute et intelligible voix qu'il rendait et portait au Roy entre ses mains la foy et hommage qu'il était tenu de rendre et porter à sa Majesté pour le don de son fief et qu'à cette fin il prêtait un serment solennel de bien et fidèlement servir le Roy et de dénoncer sans retard toute chose qui pourrait être entreprise par quiconque, contre le service de sa Majesté.

Et oui, rien de moins.

La cérémonie devait à vrai dire être assez impressionnante. Surtout si l'on songe que cet acte de haute et totale humilité était effectué en assemblée publique par un homme en train de devenir lui-même un seigneur et que, peu après, étant de nouveau rendu chez lui en son domaine, il allait à son tour devenir une sorte de roi et maître à l'intérieur du fief devenu à présent sa seigneurie personnelle.

*　*　*

Joseph Hertel serait, dit-on, né à Trois-Rivières et comme plusieurs autres que l'on connaît, il était le fils du célèbre François Hertel et de Marguerite de Thauvenet. Or à son tour en

1698, soit quatre années après l'obtention de son fief de Belœil, Joseph décida lui aussi de convoler en justes noces. La nouvelle mariée s'appelait Catherine Philipe de Sainte-Thérèse comme on le sait déjà.

La famille s'installa alors en permanence à Trois-Rivières. Mais des rapports qui ont survécu nous informent que sans doute piqué par le goût de la bougeotte, comme la chose avait été assidûment pratiquée par ses ancêtres, le dénommé Joseph n'aurait pas tardé à manifester un penchant visible pour la vie nomade et au grand air. Ce qui, paraît-il, expliquerait qu'il serait, avec le temps, devenu le père d'au moins six enfants, mais qui tous ont ceci de particulier qu'aucun de ces nouveau-nés ne serait relié à un lieu d'origine ou à une date de naissance précis. Ce qui fait tout de même plutôt original. Car c'était la coutume de rapporter à l'époque, comme aujourd'hui, toute nouvelle naissance en indiquant sur les actes d'état civil à cet effet l'endroit précis de l'événement et la date de naissance.

Mais enfin toute règle peut, de temps à autre, comporter certaines exceptions. Et c'est probablement ce qui s'est passé ici. D'autant plus que, comme tous les autres membres de son illustre famille, Joseph Hertel a dû, lui aussi, être impliqué dans les guerres interminables qui sévissaient alors presque sans interruption, à droite et à gauche, entre les gens des diverses colonies implantées en Amérique du Nord, et aussi tout simplement avec les Iroquois qui, depuis les débuts, ne cessaient de faire grise mine à leurs ennemis, les Visages Pâles parlant français et venus ici sans être invités.

Aussi, malgré les sévères conditions imposées à Hertel par l'acte de concession de la seigneurie de Belœil qui lui ordonnaient de tenir feu et lieu, lui-même, et également ses tenanciers personnels, et de faire « déserter et défricher les terres de son domaine aussitôt que la guerre serait finie », il semble bien que le nouveau seigneur oublia très vite ses solennelles obligations. En effet, il appert qu'il ne résida pas sur le territoire de son fief et qu'en outre il ne se préoccupa guère d'y faire à son tour des concessions ni d'implanter de nouveaux établissements. D'ailleurs il avait peut-être déjà assez de patrimoine, ici et là, pour ses goûts personnels. Car, par chance, il avait hérité à la même époque de la belle et importante seigneurie de Chambly par le truchement de sa mère Marguerite de Thauvenet qui, elle-même, en avait reçu le don du capitaine de Chambly au moment du départ de ce dernier pour de nouvelles occupations à la lointaine Martinique. Et tout cela a fini par se savoir.

Ce fait pourrait expliquer que Joseph Hertel, ne s'étant guère préoccupé de son fief de Belœil, ce dernier est assez vite passé légalement aux mains du baron de Longueuil. Puis, avec le temps, Joseph Hertel est décédé en paix avec lui-même, en août 1723, à Trois-Rivières, et il fut alors solennellement inhumé dans l'église des récollets comme c'était la coutume pour les gens qui avaient atteint un certain rang social. À ce moment, M. de Longueuil était déjà le maître du fief de Belœil depuis environ treize années et il ne semble pas que cet imposant domaine soit jamais revenu à la famille Hertel qui ne s'en porta pas plus mal pour autant.

Voilà pour l'intéressante origine de ce magnifique emplacement rural qui, depuis, a toujours été connu sous le même nom que celui de ses débuts.

Par la suite il y aurait eu des barons de Longueuil jusqu'à 1850 après quoi, l'honorable Charles W. Grant serait devenu seigneur de Longueuil et de Belœil. Puis ce fut le tour de Marie-Élizabeth Grant de Montenach et ainsi de suite.

* * *

Ici on pourrait sans doute parler des vieilles maisons qui ornent Belœil. Mais on en a déjà vu un bon nombre au cours de la présente promenade et cela n'ajouterait peut-être pas grand-chose à notre récit.

Dans le voisinage immédiat, Belœil a la distinction un peu spéciale de posséder deux églises paroissiales. L'une, assez récemment construite, toute moderne et située dans un quartier commercial plus au sud, porte le joli nom de Maria Goretti. Et cela même si les passants rencontrés au hasard dans les environs ne semblaient pas eux-mêmes connaître le nom de ce nouveau temple religieux.

Puis, plus au nord, le long du Richelieu et en face de l'église de Saint-Hilaire, érigée sur l'autre rive, on peut également admirer une église plus vieille portant le nom de Saint-Mathieu-de-Belœil qui a tout récemment fêté son double centenaire, ce qui la fait aussi remonter jusque vers l'année

1772, un état de choses tout de même assez remarquable. Car chez nous les constructions qui prennent de l'âge ont tendance à disparaître assez facilement sans raison particulière.

Au fait on rapporte que les registres officiels de l'état civil de cette paroisse débuteraient vers l'année 1772.

Cependant, et assez curieusement, l'érection dite canonique ne s'effectua qu'en mars 1831, et l'érection civile, qu'en juillet 1835. Ce qui démontre bien que les reconnaissances gouvernementales peuvent souvent accuser un certain retard sur la réalité des situations existantes. Et, pour sa part, la municipalité de la paroisse de Saint-Mathieu-de-Belœil n'a été créée comme telle que dix années plus tard, soit en juillet 1845. Ce qui certes se passe de commentaires.

Quant au nom patronymique de Saint-Mathieu, l'on rapporte qu'il fut ainsi choisi pour honorer l'abbé Mathieu La Taille, un ancien curé de Saint-Charles, à qui l'évêque Briand, de Québec, le premier en titre au début de la domination anglaise, aurait confié la tâche d'organiser cette nouvelle paroisse rurale de notre région. Un autre fait divers qui ne manque pas d'intérêt.

*   *   *

Et maintenant, arrivant pour ainsi dire au terme de cette courte promenade dans la vallée du Richelieu, il resterait peut-être à rappeler certaines autres choses pouvant offrir des aspects intéressants au sujet de Belœil que nous achevons de traverser.

D'abord, au nombre de ces matières dont on parle en général assez peu aujourd'hui, on pourrait indiquer que cet emplacement paisible, et au caractère ostensiblement bucolique, est néanmoins devenu, il y a une centaine d'années le site d'une considérable usine dédiée à la fabrication de violents explosifs. Ce qui, en fait, cadre assez mal avec le calme paysage que traverse le voyageur qui ne tient pas trop à s'attarder sur les détails.

Vers l'années 1874, un certain docteur Thomas C. Brainerd aurait fait des transactions foncières aux États-Unis, à la suite de quoi il serait bientôt devenu le principal intéressé et même le président d'une importante compagnie appelée la Gunpowder Export Company. On devine tout de suite les implications possibles de pareils arrangements au niveau de la haute finance.

Ce bon docteur Brainerd semblait prévoir l'avenir. Car il eut soudain l'intuition que le Canada, comme d'ailleurs beaucoup d'autres pays en voie de développement, aurait bientôt un grand besoin de provisions d'ingrédients explosifs considérables. Et ceci, naturellement, pour faciliter la construction de routes ferroviaires à travers les montagnes et divers obstacles, et autres entreprises du genre alors nécessaires pour une rapide mise en valeur de notre jeune pays. Ce qui, à la vérité et à l'époque était exact. D'autant plus que le bon et prévoyant docteur ne prenait pas de chances inutiles. Il était venu voir sur place à Montréal pour vérifier tout de suite le bien-fondé de ses prévisions. Car le fabuleux projet de construire une très longue ligne de chemin de fer devant se rendre jusqu'à l'océan Pacifique était effectivement en marche. Et pour réussir, il allait falloir se frayer un passage à travers des milles et des milles de rochers et des pics fort élevés de tous genres.

Mais le pratique docteur Brainerd ne s'attarda pas aux détails de second ordre. Sans retard, et avec l'appui d'un membre de la riche famille Du Pont et de quelques autres financiers aux reins solides, il acheta l'importante compagnie appelée Hamilton Powder Co., la seule alors incorporée au Canada, et cela pour en restreindre la production pour une période d'environ vingt années. Puis il fit de même avec une autre compagnie du genre installée à Windsor, au Québec, et encore une autre appelée la Acadia Powder, de Waverley, en Nouvelle-Écosse. Comme on peut le voir, les affaires sont toujours les affaires et une fois parti ça marchait rondement. Il n'était plus question de s'arrêter en si bonne voie.

Peu après, tous ces messieurs entreprirent de fabriquer des explosifs et entre autres de la nitroglycérine dont les vertus fortement détonantes étaient maintenant connues depuis plusieurs décennies, grâce au professeur de chimie Ascanio Sobrero, de Turin, en Italie, qui, sans bruit dans son laboratoire, et avec des moyens de fortune, avait longtemps travaillé à ce problème dont la solution devait changer la face du monde entier, et celle du Canada en particulier.

D'une chose à l'autre, les efforts de toutes ces compagnies jusque-là éparses étant à présent logiquement et solidement intégrés et coordonnés, on passa comme il se devait à la fabrication de la dynamite au Canada. Une autre invention extraordinaire et récente que nous devions cette fois, et depuis 1867, au chimiste, inventeur et philanthrope suédois nommé Alfred Bernhard Nobel qu'aujourd'hui tout le monde connaît bien et qui continue d'être serviable à la société occidentale près de cent ans après sa mort.

Pour revenir encore une fois à notre promenade dans la campagne avoisinante et d'une chose à l'autre, il fut décidé qu'il serait plus sage et sans doute aussi plus rentable de regrouper toutes ces usines de produits hautement chimiques dans un lieu d'accès plus facile et plus rapproché du grand centre urbain d'alors qui était et est encore aujourd'hui la ville de Montréal. Il fallait d'ailleurs également songer au transport des marchandises par voie d'eau et par chemin de fer qui commençait aussi à prendre une sérieuse ampleur dans toutes les directions chez nous et également aux États-Unis.

Ce fut à ce moment, a-t-on dit, après un examen de divers sites possibles et des études naturellement réfléchies, car l'enjeu était considérable, que la localité de Belœil fut jugée comme étant l'emplacement le plus favorable à un projet d'une pareille envergure, que jusque-là personne n'avait pu prévoir.

Ce qui arriva en 1784. À ce moment le bon et perspicace docteur Brainerd, légalement et par devant notaire, se porta acquéreur d'une étendue de terrain d'environ sept acres afin de procéder à l'érection d'une grosse manufacture dont le produit premier serait l'inoffensive brique à construction. Et, au fait, un bon nombre d'édifices de la région ont été bâtis avec cette brique d'autrefois. Personne ne pouvait trouver à redire à cela car on aidait au développement immobilier de Belœil et ses environs. En outre on offrait du travail rémunérateur et facile à accomplir à beaucoup de gens de la place sans métier qui ne pouvaient qu'y trouver leur avantage personnel et s'y attacher bientôt avec beaucoup d'ardeur.

Pour faciliter et accélérer les multiples opérations de l'usine à briques, sans avoir à recourir à de trop fréquentes fournitures de l'extérieur, on a commencé, un jour, à y fabriquer innocemment de l'acide sulfurique, ensuite, par voie de conséquence, de la nitroglycérine, et peu à peu des bâtons d'explosifs remplis et fabriqués à la main, et finalement environ 5 000 livres de dynamite par jour. Tout cela était expédié sans retard par voie d'eau dans de solides barges vers les débouchés commerciaux des grands centres qui attendaient avec impatience des produits de ce genre de plus en plus recherchés.

Cela, évidemment, amena d'autres développements et des compagnies intéressées dans des productions connexes. Comme celles de nouvelles formes de nitrateurs et de machines à faire des mélanges et également des empaquetages mécaniques plus rapides et plus compacts. D'où ont bientôt surgi des inventions auparavant inconnues, comme la machine à fabriquer les cartouches, un ouvrage fort spécialisé qui jusque-là avait été fait manuellement par des journaliers.

De fil en aiguille, les choses en vinrent vite au point qu'au tout début du présent siècle on pouvait déjà, a-t-on dit, produire chaque jour environ 600 caisses de ces belles et fort efficaces cartouches toutes fraîches. Puis de nouvelles et meilleures machines ont vite porté ce gentil total de production à 1 000 caisses par jour. Bientôt, pour répondre à la demande publique toujours croissante pour ce genre de chose, l'on passa à la fabrication de la cordite, de la poudre noire, et subsidiairement et inversement à la préparation d'engrais chimiques devenus soudain à la mode.

Tant et si bien que, vers l'année 1927, tous ces efforts des compagnies Imperial Chemical et Du Pont de Nemours furent encore une fois regroupés et coordonnés pour former à présent l'énorme société commerciale qui est alors devenue l'entreprise appelée la Canadian Industries Ltée que tous connaissent.

Comme quoi, encore une fois, lorsqu'on songe aux humbles débuts de toute cette belle aventure et également au site plutôt improbable qui fut choisi pour faciliter un aussi fantastique déploiement, l'on se sent bien obligé de reconnaître que les petits ruisseaux peuvent avec le temps donner naissance à de grandes rivières. Et il valait certes la peine de faire ici mention de la chose qui, pour plusieurs, pourrait aujourd'hui paraître plutôt étonnante.

En outre du professeur italien Ascanio Sobrero qui inventa, un peu sans le faire exprès, l'extraordinaire nitroglycérine, l'on se trouve en même temps à rejoindre ici le fameux Alfred Nobel dont les divers prix monétaires, issus au départ de la dynamite, sont encore distribués à travers le monde, et moult pays, chaque année, pour diverses entreprises méritoires participant au développement vigoureux de la paix, de la chimie, de la physique, de la médecine et physiologie, et même de l'humble littérature. Ce que personne n'a sans doute jamais pu prévoir.

* * *

Et parlant, à présent, d'un autre sujet se rapportant toujours à Belœil et présentant lui aussi un caractère para-explosif l'on pourrait encore rappeler un curieux incident qui vers la même époque, c'est-à-dire à l'été de l'année 1864, a aussi fait pas mal de tapage et a alimenté les conversations de tout le pays pour un bon moment.

Il semble bien que ce fut là que s'est produit au Canada ce qui pourrait être considéré comme la première grave tragédie de notre réseau de chemins de fer qui en était alors littéralement à ses premières armes.

Ainsi un jour, ou plutôt durant la nuit du 29 juin de l'année 1864, il arriva à cet endroit ce qui a été et serait encore pour nous aujourd'hui une véritable catastrophe ferroviaire presque inexplicable.

Un train composé de onze wagons arrivait de Québec en direction de Montréal. Les quelque 500 voyageurs à bord étaient pour la plupart des immigrants d'outre-mer qui venaient tout juste de s'amener au Canada en vue de refaire leur vie et tenter péniblement fortune quelque part à l'intérieur du pays, surtout dans les régions peu peuplées de l'Ouest. Mais en cours de route le lourd convoi devait traverser la rivière Richelieu en passant sur un pont mobile pourvu d'un ingénieux mécanisme permettant qu'il soit ouvert et donc déplacé, afin de faciliter la navigation de grosses barges commerciales dans l'une ou l'autre direction sur les eaux de la rivière du lieu devenue une voie de transport fort achalandée comme on l'a vu dans le cas de l'usine à briques.

Or une vilaine fatalité a voulu qu'à ce moment précis le pont mobile soit momentanément ouvert pour laisser le champ libre à un certain nombre de lourdes barges en train d'être remorquées par un vaisseau à vapeur et durant cette opération, jusque-là normale, le train du Grand-Tronc s'est amené lui aussi d'une façon rapide et inopinée. On alluma fébrilement des torches lumineuses, on fit sans retard et nerveusement des signaux désespérés. Mais hélas! personne n'a pu avertir à temps les opérateurs du convoi, ni réussir à refermer le pont à cause de la présence des hautes barges qui ne pouvaient avancer plus rapidement dans la totale obscurité. D'ailleurs avec sa pesante charge à traîner, le bateau remorqueur ne pouvait pas aller plus vite. Donc, c'était l'impasse sans pitié.

Ainsi dans sa course folle, sans retenue, le train s'en alla bêtement, à toute vapeur, débouler sur les barges qui lui barraient la route et tous ces beaux arrangements ferroviaires et maritimes coulèrent aussitôt à pic dans le calme cours d'eau. Il en résulta, paraît-il, environ 90 pertes de vie et également près de 160 blessés avec plus ou moins de gravité. Et il y en a, sans doute, eu d'autres qui dans le brouhaha sont disparus sans laisser de traces et dont on ne connaîtra jamais le nombre. Car ils étaient tous des inconnus venant de l'étranger.

Tous ceux des environs qui s'amenèrent sur les lieux pour prêter main-forte étaient bien sûr désolés. Mais il s'agissait à présent et sans retard de s'occuper des blessés et des malheureux survivants le mieux et le plus vite possible.

Et cela, naturellement, amena chez nous l'apparition de récits détaillés, de tristes complaintes, et même d'intéressantes légendes plus ou moins bien fondées à propos de ce qui avait pu se passer réellement à l'occasion de cette aventure plutôt lamentable.

*   *   *

Mais, pour en revenir à des rappels de souvenirs plus sereins, l'on pourrait encore citer que depuis les dernières décennies, Belœil a connu un développement assez remarquable dans le domaine de sa démographie locale.

La population de cet endroit pour l'année 1931 avait été établie à quelque 1 430 âmes. Puis en

1969, ce chiffre était devenu 10 100, alors que pour l'année 1974, cette même population aurait atteint un nombre de plus de 11 500. Ce qui peut donner à réfléchir et faire songer que peut-être la nitro-glycérine, la dynamite, les cartouches et leurs succédanés de nature également explosive, n'ont pas fait que du mal à la paisible société de Belœil. De toute façon, et en comparaison avec le déve-loppement beaucoup plus lent des localités avoisi-nantes, le phénomène semble plutôt intéressant et méritait certes qu'il soit souligné. Car il nous laisse tout de même assez songeur.

* * *

Enfin pour clore cette promenade improvisée en rase campagne et faire voir que si à Belœil, au cours des années passées, la vie purement maté-rielle a connu un magnifique essor que Champlain lui-même ne pouvait pas prévoir, lors de sa pre-mière visite sur les eaux du Richelieu, l'on peut aussi rappeler qu'il s'est également produit à cet endroit des efforts d'un caractère assez intellectuel dont on peut encore, à juste titre, faire une cour-toise mention aujourd'hui.

En effet à partir du mois de décembre 1865 jusqu'au même mois de l'année 1873, ce fut à Belœil qu'aurait été littéralement pondu le remarquable journal alors intitulé *Les veillées du père Bon Sens*. C'était là une des nombreuses entreprises journa-listiques de Napoléon Aubin, un homme un peu spécial, qui mérite certes que l'on dise aujourd'hui quelques mots gentils à son sujet.

À la vérité, ce monsieur fut un être plutôt extraordinaire. D'abord on l'appela Napoléon alors que son vrai prénom aurait tout simplement été Nicolas. Ce qui est tout de même assez curieux. Mais, comme il signait toujours ses écrits N. Aubin, les gens ordinaires ont vite préféré lui décerner le prénom de Napoléon qui faisait plus chic et plus important.

Autre détail également d'une nature contradictoire à son sujet, il paraît qu'Aubin serait né en 1812, c'est-à-dire à l'époque de Napoléon, vers la fin de son régime impérial. Cependant les chroniqueurs sont en désaccord quant au lieu de sa naissance. Car certains affirment qu'il serait né à Chaynes, près de Genève, en Suisse, tandis que d'autres soutiennent avec autant de vigueur qu'il serait né à Paris. Et, là encore, la discussion se trouve donc ouverte pour quiconque sait apprécier ce genre de problème et souhaite y trouver une solution.

De toute façon, il a bien dû naître quelque part puisqu'il s'est amené en Amérique en 1833 et au pays du Québec l'année suivante. Mais alors, une fois arrivé parmi nous, il a passé alternativement pour un Français catholique aussi bien que pour un authentique Suisse de foi protestante. À la vérité, si d'une part il a ouvertement consenti à élever ses quatre filles dans le catholicisme le plus orthodoxe, par ailleurs il serait lui-même mort, semble-t-il, en bon calviniste. Un curieux détail que l'on aurait appris au moment même de son décès et qui le fit alors être enterré dans le cimetière protestant du mont Royal à Montréal.

Napoléon Aubin, alias Nicolas, est aussi vite devenu chez nous une sorte de champion pour le nombre de journaux qu'il publia ou dont il fut le véritable pilier. On connaît encore, au fait, les noms de dix de ces multiples entreprises de journaliste. Et il les a, lui-même, nommées successivement: *Le Fantasque, Le Télégraphe, Le Castor, Le Canadien indépendant, La Tribune, La Sentinelle du Peuple, Le Canadien, Le Pays, Les Veillées du père Bon Sens, et Le National.* Et cela sans parler de son *Cours de Chimie agricole* mis à la portée de tout le monde et d'autres publications diverses sorties tour à tour de sa plume alerte.

L'homme est même devenu avec le temps l'organe humoristique du parti politique de notre chef national d'alors, le grand Louis-Joseph Papineau. Comme tel et comme bien d'autres, il fut naturellement arrêté pendant la rébellion en 1838 et mis en prison à Québec avec son imprimeur pour quelque temps, tandis que tout son matériel de publication était sommairement placé sous saisie.

Mais, dès qu'il retrouva sa liberté, il ne tarda pas à se remettre à la tâche et cela avec autant de verve qu'auparavant.

Ainsi donc journaliste, publiciste, auteur, conférencier, et cetera, Aubin qui était né européen et qui nous arriva à l'âge de 22 ans, en 1834, est vite et véritablement devenu l'un des nôtres. Il fut, en 1847, choisi comme secrétaire de l'Association de la Réforme et du Progrès. Et quelque temps plus tard, il fut élu président du prestigieux Institut canadien, un organisme qui a fait beaucoup de tapage et a eu beaucoup d'influence en notre pays au siècle dernier.

À travers toutes ses diverses occupations, Aubin fut même, pour un temps, consul de Suisse à Montréal et il a fini par y mourir connu de tous en 1890, à l'âge assez respectable de soixante-dix-huit ans, dont plusieurs de ces années furent paisiblement vécues sur le tranquille territoire de la jolie municipalité de Belœil.

* * *

Tout ce qui précède dans le présent ouvrage, a été fait pour rappeler que lorsqu'on se promène calmement dans notre belle vallée du Richelieu, on peut encore y trouver pas mal de choses à dire à ceux qui, pour l'occasion, auront consenti à devenir nos patients compagnons de route.

Table des matières

1.	Un long voyage	7
2.	Chambly	19
3.	Richelieu et Saint-Mathias	39
4.	Saint-Hilaire	53
5.	Saint-Charles	79
6.	Saint-Denis	103
7.	Saint-Ours	133
8.	Sorel	153
9.	Saint-Roch	179
10.	Saint-Antoine	199
11.	Saint-Marc	217
12.	Belœil	237

Achevé d'imprimer le 16 février 1976
par les travailleurs des ateliers Marquis Ltée
de Montmagny